T0171686

The Origin
of Ancient Kyrgyz Tribes

The Origin
of Ancient Kyrgyz Tribes

Anarbek Usupbaev Zamir Osorov

PARTRIDGE

A Penguin Random House Company

Print information available on the last page.

To order additional copies of this book, contact
Toll Free 800 101 2657 (Singapore)
Toll Free 1 800 81 7340 (Malaysia)
orders.singapore@partridgepublishing.com

www.partridgepublishing.com/singapore

Contents

Kyrgyz khans in Beijing

Anarbek Usupbaev was born in 1951 in the Kara-Buura, a district of the Talas valley in Kyrgyzstan. He was educated at Bishkek state technical university and has headed the building company "Stroymechanizatsia" since 1991. He has also acted as president of the well-known non-governmental organization "Manas Ordo", which was created to promote Kyrgyz culture, tradition and historical research. Usupbaev is a member of the Academy of Construction and Architecture of the Kyrgyz Republic and holds a PhD in technical sciences.

He is a highly regarded author in Central Asia who participated in the presidential elections of the Kyrgyz Republic as one of the officially registered candidates in 2000.

Usupbaev is among those citizens who have actively criticized the attempts by Islamic leaders in Central Asia to the region toward religious extremism and radicalization.
In April 2012, a one-week visit to China's capital Beijing gave me the opportunity to take a closer look at the tomb of Genghis Khan's famous adviser, Eluu Chustsay. Chustsay's family roots can be traced back to the Kyrgyz tribe of the Kytai who belonged to the Left wing

1

[1](Chustsay was also widely known by the nickname Longbeard). I also visited to the Tianying tower, a remarkable ancient building erected on behalf of Emperor Liao (Steel) in 1120. By the way, Liao also originated from the same tribe historically known as the Kytay or Khitan.

The Tianying tower is known as one of the outstanding masterpieces of world architecture.

Burana Tianying, 907-1125 years.

The monument was erected at the burial site of Eluu Tsustsay by the order of Kubilay Khan - the famous descendant of Genghis Khan in 1261. It was set up in the middle of the park of History and Recreation of Ihy Yuan today, which had been established during the reign of the emperors of the Qing dynasty.

---

[1]   Kyrgyz tribes (nearly 40 units) historically branched from the three large groups: left, right wings and ichkilik.

The cemetery of our forefather Eluu Tsustsay.

The recent historiography of Central Asia has revealed some very interesting ethno-cultural tendencies. Many contemporaries from the region have shown a strong desire to learn more about their history, the Sanzhyra[2] and mythology. While this pleases me, I would welcome a more honest debate which is guided primarily by authentic historical data and sources, with powerful conclusions drawn on the basis of real findings. Why is this so important? There are many pseudo scientists and "experts" who do not understand the true history and origins of their tribes. Even so, they consider themselves as professional historians of the Sanzhyrachy and feel sufficiently educated to teach other people on the subject. I would like to appeal to all those who have expressed an interest in such endeavours and encourage them to first learn the history of their own tribes on the basis

---

[2] Sanzhyra - traditional sources of Kyrgyz history, based on the stories about the origins of some or others Kyrgyz tribes, written by various authors – ancient, old and contemporary. Usually sanzhyrachy (creators of Sanzhyra) produced their works on the real historical sources, dates and witnesses but in latest times we observed the strong tendencies for the excessive glorifying and mystification some or others tribes by their authors. Many of them trying to prove that all great civilization originated from their tribes, some gay firmly believed that even Martian belonged to their great Kyrgyz tribe.

of impartial historical data. In so doing, they could prepare the ground for a joint effort in which we could together recreate and restore something really valuable by extracting information from our past treasures - the deep roots of our ancestors and the Kyrgyz nation.

I am deeply fascinated by the history of my tribe, the Kytay and have tried to restore the authentic picture of our past, penetrating and digging to the deep roots and far corner of our mentality and tribal heritage.

In the time preceding this work I turned to Creator, Koko Tengir, the ancient Kyrgyz and Sumerian god, whose spirit is manifest in the nature surrounding us and its great mysteries. I asked for his support and also for assistance from my fathers and forefathers who have left this illusory world a long time ago, as well as from my mother and grandmothers and other relatives from my mother's side and from my brothers and sisters, all of whom I miss. I hope for their support in my quest to write and document the history of my people.

It is my firm belief that we should use modern historiography and the Sanshyra in order to recreate undistorted fragments and true images of our past identity, thereby enabling us to draw valuable insights from both sides.

Dear readers, in this article I want tell you about the monuments that our ancestors left in Beijing. In my previous works I have provided compelling evidence for the historical fact that Genghis Khan and his adviser Eluu Chustsay originated from the Kyrgyz tribe of the Kytai (Khitan - steel). In this article, I think is useful to bring up new facts and evidence that supported and complement my findings.

Anarbek Usupbaev with the Uta Ju, a curator in the museum and mausoleum of Eluu Chustsay. Both belong to the Kidan tribe and are very proud of the great ancestor who is buried in Beijing.

In the book "История отечества (History of the Fatherland)", a monograph published in 2000, the prominent Kazakh scientist Kalibek Danyarov [3]wrote:

"In the history of China, Genghis Khan's origins are interpreted as Chinese, as one who was the representative of the people of China or Kitai same time originated from the Kazakh tribes Kitai, which played a major role in the genesic of China people and empire".

In my book "Who are the Kazakhs really?" I provided a lot of authentic source material clarifying the genesis of our brotherly Kazakh nation.

In fact the basis of the Kazakh people was formed by the same Kyrgyz tribes, the fragments of which later proclaimed themselves as independent tribes and units. These components included the bogozhu-borzhigin, kyira-kyyat, tayalmysh-tayzhuut, kerteney-kereit, kara kesek, tort kara.

In recent years much debate and speculations have surrounded the name of Chingiz Khan. The Chinese considers him as one of their own, connecting his name to the tribe of the Kytai, the Kazakhs did the same thing, announcing themselves as the descendants of the tribe Kytai, while Russians have also believed that their ancestors were the Khitan. Of course, they are all right and make a good point, because Chingiz Khan and his tribe Kytai belong to the Kyrgyz people, and no one denies the fact of kinship between Kazakhs, Chinese and Russian with the Kyrgyz, again thanks to the ancient Kytai tribe.

In the above-mentioned book there is a chapter (page 211, Danyarov) which made the correct conclusion that the Kyrgyz Sarybagysh tribes originate from the Kyrgyz tribe of the Naiman. The Naiman in turn originated from the Khitan tribe, as is shown in Lev Gumilev's book [4]"Search for an imaginary kingdom" (pages 132,133,170 and 171), on the basis of firm scientific evidence.

---

[4] Лев Гумилев "Поиски вымышленного царства" 132,133,170,171 pages.

The signs and symbols from the cemetery of Eluu Chustsay.

Later I will provide own evidence to support this conclusion. It is very important for us to understand that the very name of Kytai is used to describe the Chinese people hanzu, as a direct consequence of the long-term Kyrgyz dominance over China, when many generations of Kyrgyz-originated emperors, mainly from the Kytai tribe ruled that great state. During the longstanding reign of the Khitan tribe emerged such influental and great kingdoms as the Tang, Liao and Western Liao (Central Asia) empires. You will find a lot of material on this subject and convinced yourself for the matter if you type the word Khitan or Kytai, the name of one prominent ancient Kyrgyz tribe, in the Google searching panel.

Many events described in the great Kyrgyz national epos "Manas", which has attitude precisely for that period, when the Kyrgyz emperors arranged his supreme stake in Beijing from where ruled by the great State. Saying that, I here far from the claim that our ancestors Manas lived in Tang era or during the Liao life time. All sources and the evidence suggests that our great ancestor lived in the Bronze Age. I supplied much evidence which proved this fact scientifically in my book "History of the Kyrgyz tribe of Kytai".

Naturally, many manaschy had only fragmentary information about the Sanzhyra and the multilayered history of our nation, and usually mistakenly confused the epoch in which the real Manas lived with certain historical events and periods that took place much later.

For example, according to the version of "Manas" which belonged to our great manaschy Zhusup Mamai, Akbalta was married his sister Chyiyrdy to Zhakyp. The second wife of Zhakyp Magdum was an Uzbek woman, formerly a widow, and the third wife Bakdolet originated from Tadzhik etnical identiy. These and other features from the family lives of Kyrgys lords clearly testify that the epic story reflected traditions and cultural and historical lings belonged to the XYII century - the epoch when Kalmaks dominated the Kyrgyz.

The same thing applies to the creative art of Sagynbay Orozbak uluu, Sayakbay Karalayev uluu (the famous epos "Manas" interpretators). Meanwhile the statement that Jakyp had married to Chyiyrdy contradicts to the Kyrgyz Sanzhyra, because Kyrgyz ancient traditions strictly prohibited marriage between relatives up to and including the seventh generation.

Obviously, it is in this period that we can observe the influence of Islamic tradition and the effects of its editing practice. This is of little surprise, for many manaschy that lived in the last three to four centuries were exposed to strong influences from religious canons, teachers and patrons, so called Moldo and Eschen.

I would like to draw your attention to a very interesting extract from the book of Kyrgyz sanzhyrachi Saparbek Zakirov

[5]"Kyrgyz sanzhyrasy", on page 367, where it is clearly stated how Islamic priests advised our famous poets "to do and write the right thing":

"Aziz-Kojo, Eschen, in front of Azhyrbek Datka gave the following instructions to Yrchy (psedoname of famous manaschy and poet Balik Ooz): 'I ask you and demand from now that you ought not mention in your creations khans and individuals who have not accepted Islam. Only if you sing about and glorify those persons who became Muslims and fought for the great faith, you shell be blessed and fit to go to paradise.'"

Aziz also demanded from the poet to mention as often as possipble the Prophet Kojo Mukanbed (Muhammad) as well as Aziret Aaly Cher, the holy relative of Mukanbed from his paternal side, who was married by the way to the daughter of prophet Fatima. – Approx. AU. And what is more, Aziz openly threatened him, telling him that "if you chant about the last khans who professed Buddhism, then you shall be cursed and your soul will burn in hell."

Needless to say, the way of thinking, behavior and used words and persuading propaganda of religious fanatics so little change since those times.

After similar instructions Balik Ooz "started to edit and change his version of "Manas" in regard of the spirit of Islam", as he confessed himself late.

The tradition of marriage between close relatives from paternal and maternal lines was common among Jews and Muslims in ancient times and is often practiced even now in many eastern countries.

For example, the Prophet Ibrahim was married to his paternal sister Saar. The Prophet Mukhambet was married to his sister

---

[5]   С.Закиров "Кыргыз санжырасы" китебинин 367 pages.

Kadiche from one forefather and his daughter Fatima was married to the son of his relative Ali.[6]

At the same time, the Tajiks as a nation formed in the VIII eighth century (L.Gumilev "End and beginning again", 101 pp.), and the Uzbeks - in the XVI sixteenth century.

I give evidence to such allegations in my book "Turk Eli Menen Kyrgyz elinin ayrymasy", which is based on scientific sources. Therefore, the wife of Manas Kanykey could not coming up from the daughters of Tajik people, in reality she originated from the Tezhik sub-tribe which in turn was part of the Kyrgyz tribe of the Suu Murun[7].

For the same reason in the real time of Manas' reign wars and tensions between the Kyrgyz and Kalmaks never happened. The Kalmaks as an ethnic identity formed much later, in fact this word originated from the Kyrgyz phrase "kalyp galgan el", meaning "people who come to us and left." The historical name of Kalmaks was Zhungars (Oirots). They inhabited the north-western part of modern China, called the Junggar plain. In the seventeenth and eighteenth centuries they created the Oyrots Khanate and on its base established their own national identity, joining and assimilating also the dinlins, sarts (Uighurs) and Huns.

Many generations of historians and archaeologists have been puzzled to find ancient variations of the Aryan symbol of the Swastika among inscriptions and decorations of various Kumbezes (mausoleums) across Central Asia. You find these astonishing features everywhere and worldwide.

Look at a picture of the famous mosque and mausoleum of Bibi Khanum (Samarqand) or Kalyan Munara (Bukhara), or at the remnants of the palace of Kudayar Khan in Kokand, as well as the

---

6   Хадистер: Бухари,Муслима, Насаи,Ибн Маджы,Табари.
     Р.Аглетдинованын эмгектери жана Муслима.Ру сайты.
7   Л.Гумилев"Конец и вновь начало", 101 pages

tomb of Tamerlane - these ancient buildings are all covered by the same signs.

You can examine these marks and labels yourself if you visit the site "Vedic symbols of Central Asia and Kazakhstan."

On the photo above you see the picture of a Hittite warrior carved into gold, 3000 years old. The face of the man clearly bears mongolic features. His chest is ornated with the sign that belonged to the Kitai or Kutay, which is also known as the symbol of the Aruu (Aryan) people.

The signs belonged to Aryan civilization and Hitler adopted them as the national symbol of the German Reich, thereby underlining again that the German people belonged to the Aryans. Those who are interested in history will find passages in the work of the ancient Roman historian Cornelius Tacitus about the origins of the German tribes. Tacitus explains that the Kyrgyz and Germans descended from one root. I would also like to refer to the well-known source and Hitler's famous remarks:[8] "Один раз в год можно будет проводить по столице отряд киргизов, чтобы глядя на ее каменные памятники, они получили представление о мощи и величии Германии". ("Once a year it would be possible to lead through our capital the squad of the Kyrgyz and let them look at their

---

[8]   Melnikov, L. Chernaya. "Nazis regime and its Fuhrer", Moscow, 353 page

stone monuments, and get a glimpse of the power and greatness of Germany")

These lines clearly indicate that Hitler knew that the Kyrgyz people have a great history and wanted to surpass their achievements. I would like to refer to another historical document dating back to 1810. The German scholar Joseph Gorres wrote in his book "Mythologies of Asian culture": "European culture is based on Greek culture, which in turn is based on the Asian myth", Kikishev N.I. "Metahistory."

In the photo shown below depicts crosses on the walls which are part of Eluu Chustsay's tomb. They represent variations of the mark "⊤" and its inverted shape "⊥". When put together, these marks form the Aryan symbol, the cross, which known around the world.

Why am I drawing your attention on these details of Eluu Chustsay's tomb? Our ancient forefather Kitay had two sons: the elder was named Baitike or Abaotsi in hanzu language, who was the imperator of Liao (steel), with the tribal mark "⊤". The Liao empire reigned from 907-1125 in the same area today known as modern-day China. The second son was named Buudai (with the tribal tamga "⊥"). Both symbols can be combined to form the shape of a cross "+".

The genealogy of the Aryans' symbol originated from the tamgas of the Kyrgyz tribe of the Kitai (kidan) –the marks inherited by the two sons of the forefather of the Kitai.

By the way, the Arian symbol of the Swastika has been arranged in two fashions - in clockwise direction ⌖ (left picture) and in anti-clockwise direction ⌖.

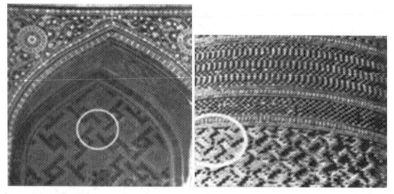

On the pictures we have seen fragments from ancient temples from Buhara and Samarkand.

We can suggest other sources and writings on the subject such as the book by the prominent Kazakh historian A.K. Narymbaev [9]titled "Turan – the cradle of ancient civilization".

I draw up readers attention to the signs that relevant only to the Kyrgyz clans and originated (created) by their nomadic life-style. Each tribe had its own sign, called tamga, which was used primarily for labeling privately-owned sheep (these marks were burnt on ears of domestic animals) so as to avoid confusion with the grazing "property" belonging to other tribes. Long before people began to lead a sedentary life, they learned farming. And prior to that, ancient men were hunting wild animals and gathering wild berries and fruit.

The tamgas seem to have appeared with the rise of cattle-herding. Their presence on lifestock meant that their owners of animals thus marked belonged to a particular tribe and were freemen with many servants and slaves. Slaves on the other hand did not possess any

---

[9]   А.К. Нарынбаева, "Туран - колыбель древних цивилизаций"

animals, in fact, they owned no property at all and therefore did not have any tamga.

The tamgas depicted and originated from simple geometric shapes and figures known to the nomadic people since ancient times as round shapes, crosses, cemi-crosses, spears, rhombs, squares, and so on.

In recent years, several famous Kyrgyz citizens or persons with a strong interest in Central Asian history have presented artfully designed fake tribal marks. These usually look very complicated, bordering on the bizarre, and some of them have appeared on kalpaks and coats, enabling their bearers to prominently focus the attention on what they claim is their ancient tamga.

However, such artwork, beautiful though it may be, is quite inconsistent with the available historical data, and often simply defies logic and common sense. How, for instance, was it possible to burn such elaborate designs onto the ears of a sheep or a cow? Ancient tamgas were primarily used to mark private animals and nothing more. Was it possible to imprint on the ears of sheep substantially much more complex figures, something that requires or equals a complex maths equation? While these modern shapes could be considered as interesting sketches in a tattoo studio they have little in common with the ancient tamgas used by our forefathers.

I never wasted my time with such silly activity. As for the shape and meaning of the tamga which belonged to my tribe, the Kytai, I have shown that this mark is supported by historical evidence and data. The tribe of the Kytai (Khitan) consists of eight large Kyrgyz sub-tribes, which later evolved into the independent tribes that formed the basis of the left wing of the Kyrgyz nation (Kytai, Saru, Kushchi, Toboy, Zhetigen, Chon Bagis, Bazys, Munduz).

In previous works I have written about the origin of the name Kytai (Kutai). Here, I would like to mention the historic work "Metahistory" by the Russian author N. Kikishev[10] who wrote about the Sumerians: "The name of the river Kolyma is referred to by its original Sumerian name, Kalama. In the area located between the two rivers Indigirka and Kolyma in Northern Russia, you can find many geographical names that are used to describe hills, slopes, valleys, ridges, furrows etc. which were originated from the names of Sumerian gods."

The Sumerians wrote on the plates of clay (kyt), which were later hardened in fire to the firm tablets. In both Kyrgyz and Sumerian culture this process was well known from ancient times and described as Kalam or Kalamalap, respectively. The people who wrote on these clay tablets belonged to the Aryans, they were called Kyts, kyttar, Kytai by others.

The ancient Hittites founded one of the oldest state in world, and the word Het itself is derived from Kyt-Kytai, hyt-hytay. Some 4,000 years ago they were among the first inhabitants on the European continent to make shields, sabers and various other items produced from iron.

But other part of our ancestors lived in Central Asia. They discovered iron much earlier than the Hittites. In fact, they used a heavenly metal, as they called it to manufacture iron weapons, smelting iron from meteorite remains. This is documented in Y.S. Hudyakov's work [11]". Thus, the Hittites were members of the Aryan civilization, and our ancestors gave them the secrets and techniques of ancient metallurgy.

---

[10]   Николай Кикишев."МЕТАИСТОРИЯ,откуда мы родом"431-440 pages.

[11]   Ю.С.Худяков"Сабля Багыра.Вооружение и военное искусство средневековых кыргызов" (Saber of Bagyr. Weapons and medieval Kyrgyz military art),15-107 pages.

Left: An Etruscan jar from the seventh century BC with Aryan signs.
Right: Picture of an Etruscan girl in traditional dress and high cap.

Left: The ancient remnants of an Etruscan tower in modern Italy, from the eighth century BC. Right: Buranum of the Karachanid empire in Tokmok, Kyrgyzstan, from the tenth century AD.

The Hittites Empire, as it is known, was located on the territory of modern Macedonia and Serbia. Modern Macedonians have written many books revealing that Alexander the Great (Iskander Zulkarnayn) belonged to the clan of the Khitan. The Tocharian state flourished 3000 years ago and the Kushan Empire from the first to the third century AD. The former was located within the modern Xinjiang autonomous Region of China. Both empires were founded by the tribe, belonged to Aryan peoples, who worshiped Tengir and used the specific tamgas – the same ancient marks of the Kytai, Kushchy, Basyz and others.

During archaeological excavations in the "Takla Makan" desert in 1977 many well-preserved mummies were found. Interestingly all male mummies were uncircumcised. In my view this indicates that this civilization's roots differed from Semitic traditions. It is also known that one mummy called Suluu "Lula" was found with the Aryans signs belonging to the Kytai tribe.

Over the past two thousand years the Kytay tribe created the following powerful empires: Tan (sixth and seventh centuries AD), Liao (fourth to sixth century) Western Liao (twelfth century) as well as the empires of Genghis Khan, Babur, Tamerlane and Kokand Khanate.

Drawing on insights provided in the works by N.Y. Bichurin and L.Gumilev, I wrote several books about outstanding role played by the Khitans in the era during which the Kyrgyz great power was established in Central Asia, i.e. from 840-960 AD.

It is important to emphasize in this context that the Khitans defeated the strong Uighur state, giving chance to rise the Kyrgyz Khanate. The basis of Kyrgyz Empire then included the following nations: the Kara Kyrgyz, which literally means large backbone Kyrgyz and from whom kings were selected, the Shor Kyrgyz, the Khakas-Kyrgyz, the Tuva-Kyrgyz and the Kyrgyz-Kaisak. The Kara-Kyrgyz themselves were made up of eight Kyrgyz sub-tribes.

A term that has been found to be closely associated with the name of Kytai is Kut which can mean happiness, blessing and star.

The Kyrgyz historian O. Aytymbetov[12] in his famous book "Kara Kyrgyz" suggested that the word Kytai probably originates from the word "Kyt" which means metal alloy. Kyt was usually poured into the Saka, the so called king's astragal, which seemed much bigger than bones of other animals. Apparently our ancestors greatly valued such things as the astragal, kept them with trepidation, involved them to a lot of traditions, ceremonies and national games. The largest astragal, called chuko in Kyrgyz, was made from a horse bone and called Saka or Royal.[13] It has been associated with the Kara-Kyrgyz tribe, whereas the small chuko, made from a sheep's bone, has been associated with the smaller Shor, Tuvinians, Khakas, Kyrgyz-Kaysaks tribes. I hope that our relatives will understand us correctly. The word Kara in the Kyrgyz language means big, and Kytai, Khitan make up the core of the Kara-Kyrgyz. This is also evident in the fact that the Khitan means iron, and the name translates as Liao - steel. All these observations indicate that the members of the Kyrgyz tribe of the Kytai had some form of handwriting as well as the necessary knowledge for the production of iron and steel. I have not tried to prove that all achievements and discoveries of mankind can be traced back to my tribe. However, what I am trying to outline are the deep roots of the Kyrgyz nation. I have provided detailed information on the matter in the Sanzhyra of the Kytai based on firm historical materials gathered from various ancient writings. These facts unavoidably lead us to the conclusion that this tribe shaped the core, the kyt or star of Kara-Kyrgyz nation.

Recently, the newspaper "Alibi" featured an article written by the historian N. Nusupov on its website. He suggested to readers that

---

[12]   О.Айтымбетов "Кара Кыргыз"
[13]   "Кыргызские   императоры   Китая",   http://www.proza. ru/2013/07/21/346

the Khitan allegedly were among the destroyers and enemies of the Kara-Kyrgyz empire, without backing up his claim with firm historical data.

I would like to advise Nusupov and other like-minded historians to carefully study the book "Search for an imaginary kingdom" by L. Gumilev (page 66), another book by the same author with the title "The end and the new beginning", p.117, as well as the book "Kyrgyz jana Kyrgyzstan Tarihi boyuncha tandalma emgekter", written by S. M. Abramzon [14](pp. 437-438) as well as the works of N. Y. Bichurin.

All these sources clearly show that the Khitan were close relatives of the Kyrgyz. From 704 to 756 AD, the representatives of the Kyrgyz Kytai tribe, more precisely, the Tordosh subtribe, together with other Kyrgyz clans created the great Central Asian state of Tordosh. It controlled areas including such cities as Shasha (Tashkent), Turpan, Beshbalyk, and Jeti-Suu and its capital was the city of Suyab (according with China chronicles, Kyrgyz named it as Ak-Beshim), based close to today's city of Tokmok in modern Kyrgystan).

The Tordosh state was ruled by the following Khans:

Uchilik, the first king of Tordosh, 699 – 706 AD);

Soge, 706 – 711 AD;

Jen, 711 – 715 AD;

Suluk, 715 – 738 AD;

Kutcha, 738 – 739 AD;

Baga Tarchan, 739 – 742 AD;

Bilge, 742 – 753 AD;

Tenir-Ylmysh, 753 – 756 AD

---

[14]   С.М. Абрамзон, "Кыргыз жана Кыргызстан тарыхы боюнча тандалма эмгектер" 437-438 pages.

This state or empire, as it should more aptly be described, maintained close relationships with the Tang empire. This was no coincidence, for the Tang empire was founded by the Kyrgyz Kytai tribe, a fact that I have covered in previous works, based on the research done by L. Gumilev, S. M. Abramzona and other prominent historians and authors.

In recent years, our Kazakh relatives have made considerable efforts in order to prove that the Tordosh state belonged to the Kazakh tribe. However, you will not find any solid evidence for this in historical documents, moreover the Kazakh Sanzhyra does not make any reference to the Tordosh tribe. A growing number of historians have moreover claimed that the Tordosh state was founded by Semites. They suggested that the use of a variant of the modern Turkish term "Turk" – "Turuk" in Kyrgyz, which refers to the practice of circumcision – implied that Tordosh rose under the influence of Arab, Persian kings, who embraced Islam.

However, this is not true, because in that time the eight Kyrgyz subtribes of the Kitay had not yet been Islamized but were adherents of Tengirism.

Let me also briefly mention the historic battle which took place between the adherents of Tengrianism and the Kyrgyz Muslims and the Arabs who came to aid of the latter in 751 AD, in Talas. The Kyrgyz Muslims were also supported by the Turuk-Karluk who originated from the Uighurs, while the Tengrists received assistance from the soldiers of the Tang empire, who were led by the Khitan. The battle ended after the two sides reached a peace agreement. For further information, I recommend L. Gumilev's book[15] "The end and new beginning," p. 98.

When the Western Liao Empire, ruled by Ye-lu Dashi, was defeated by the Manchurians in 1125, Ye-lu Dashi moved to Central

---

[15]   Л Гумилев, "Конец и новое начало", 98 page.

Asia, where he restored his kingdom. During that time some parts of Kyrgyz had started to mix with the Arabs, Persians, Tajiks, Uighurs which produced such tribes as the Kandy, Kipchak, Teyit, Boston, and Doolos, who converted to Islam. Due to the fact that their foreskin was circumcised, they were called Turuk, or Turks. (see Shakarim Kudaiberdi uulu [16]"Turk Kyrgyz Kozack Hem Handarov shezhiresi", pp. 74, L.Gumilev "Search for an imaginary kingdom", p. 6, S. M. Abramzon "Kyrgyz jana Kyrgyzstan Tarihi boyuncha tandalma emgekter", p. 32 333.)

The tribe called Doolos (Telenguts) originated from the Kalmaks, according to several historical sources. In the world history they are known as Sart-Kalmak. The basic of Kalmaks were the Uighurs (see Shaakarim Kudaiberdiev uluu[17], Kenesh Zhusupov "Kyrgyzdar," Bahadur Khan Abulgazi bin Arab Muhammeddin book "Tïrk sanzhyrasy", page 28.

Another big clash between the left wing of the Kyrgyz, the Tengrists, and the Kyrgyz-Turuks and Arabs took place in 1141 near Samarkand. This time, the Turuks were defeated. Historians have explained the outcome of the battle as a result of the assistance the Kyrgyz tribe of the Khitan received from Manchuria as well as the Khitan from the Qing Empire ("Materials on the history of Kyrgyz and Kyrgyzstan",76)[18]

The following emperors of Western Liao ruled the valley of the Ili and Syr Darya:

Ye-lu Dashi, 1125/1128 – 1143

Tabuyn, 1143 – 1151

Ile (Che-lu-gu), 1151 – 1161 or 1155

---

[16] Шакарим Кудайберди уулу, "Турк Кыргыз Казак Хем Хандар Чежиреси", page 74.

[17] Шаакарим Кудайберди уулу "Турк кыргыз-казак хем хандар шежиреси", 74 page.

[18] "Материалы по истории кыргызов и Кыргызстана", page 76

Basagan (Bu-so-chuan), 1161/55 – 1169 or 1177
Julku (Ji-lu-gu), 1169/78 – 1213
Kuchlug, 1211/1213 – 1218

Kuchlug was a representative of the Naiman tribe, which was one of the larger clans of the Kytai, according to L. Gumilev. Kuchlug had escaped from the rule of Genghis Khan and hid among the relatives in Western Liao. He married the daughter of Karahan (Gurkhan) Zhulku, before killing Karahan and establishing himself as new ruler. Since Kuchlug himself was member of the Kytai tribe and married to the Khitan princess, the Khitans accepted him as their own king. But after a short time in 1218 when Genghis Khan and his soldiers joined forces with West Liao, Kuchlug was removed from office and executed.

I would also like draw your attention to the fact that in the bloody war between the Kyrgyz and the Zhungars (Kalmaks) in the seventeenth century, the Qin empire of China also came to the aid of the Kyrgyz. Their help played a crucial role in defeating the Zhungars, but after victory had been achieved they returned back to China. Consider this carefully: The Qin warriors came to the land of the Kyrgyz, defeated and expelled the Oirats, and then withdrew, leaving the Kyrgyz in peace. How was this possible? Alternatively, they could have stayed there, taking the best land as the winners. Events can be plausibly explained by the fact that the Kytais (Khitans) of China were the same tribe as the people of Western Liao. They intervened to help their relatives who were ruled by the Kokand Khanate.

You can find further information on this subject in the book "Some questions of the origins of certain major Kirgiz tribal divisions residing in the Jalal-Abad region", M. T. Aytbaev [19](Academy of Sciences of the Kyrgyz SSR, Institute of History, 1960.).

---

[19] М.Т. Айтбаев, "Кыргыз ССР АН,тарых институту, 1960г. "Некоторые вопросы происхождения отдельных Киргизских крупных родовых подразделений,проживающих на территории Джалал-Абадской области"

Since I started to publish materials about the Khitans, some of our citizens expressed their discontent, arguing that I too exaggerated their role and importance. One day my friend and colleague from the tribe of the Sayak told me that I was wrong to delve so deeply into the history of the Kyrgyz nation and the Kyrgyz tribes. I told him that it would be nice if he too could also become involved in that process. My tribe gave the name to the country and nation which now has a population of 1.3 billion people. Why they did not call themselves Sayaks?[20] Is this remarkable fact not worth of our deep respect? He pondered the question and eventually agreed with me.

As part of their colonial policy, the Russians undertook considerable efforts to persuade uprooted members of the Kyrgyz people to distort many pages of our ancient history and to rewrite and edit the Sanzhyra according to their will. Even today, some Kyrgyz are actively engaged in activities which continue to belittle our history and culture. There is only one way out of this impasse which is the purification the Kyrgyz people on the basis of a firm tribal system of government, respect for the traditions of the Tengrists, and thus, a process of purification from the bottom-up and vice versa. The Kyrgyz can only be truly united by the revival of Kyrgyz tribalism. It is the only way to create a common spirit and a strong state, which does not allow any distortion of the historical truth, corruption and sale of lands, resources and our nation's spiritual heritage.

By the way, the dividing of the Kyrgyz nation into three wings is a flawed approach. In my book I cited evidence which proves that the tribe of the Sarybagysh was referred to as the Naiman and the Naiman in turn are the part of the Khitan. It is well known that

---

[20]   By the way the Kyrgyz tribe Sayak originated the german and anglo-saxon tribes. So it also worth to great honor and respect as the Grandfather of modern Western civilization. Also co-author and editor of this book pointed to the fact, that his tribe Kushan, Kushchy had created the prominent Kushan empire which 300 years totally dominated in Central Asia and Hindustan, from 100 to 300, AD.

the Adigine, Tagay and Mungush (Minkush) lived in the fifteenth century. And what was before, who were the forefathers of those who claimed to be the founders of the left and right wing of modern Kyrgyz nation?

There can be only one answer: all these clans and tribes originated from the famous old Khitan, as has been explained by S.M. Abramzon and the Kazakh historian Kalibek Danyarov (see "History of the Fatherland", 2000, Almaty, p. 209).

The so-called Ak Uul originated from the Dinlins, the famous ancient people, whose emergence has been situated in the matriarchy era around 8000 BC. From the Dinlins originated the Kyrgyz tribe of the Saruu and the Finno-Ugric peoples.

The origins of the Adigine, Tagay and Min-Kush can be traced backed to the Khitan, known as the people of Kun (Hun). The Huns may have stimulated the Great Migration and spawned such great warriors as Manas, Adyl (Attila), Genghis-Khan.

Generally, the so-called children of the Tagay bey, except for the Sayak and Asyk, originate from the old Kytai. The Asyk tribe, according to Abromzon "Кыргыз жана Кыргызстан тарыхы боюнча тандалма эмгектер" (page 30) goes back to the old Kytai (Tordosh), but according to another version, its roots can be linked to the Persians and Alan.

As for the tribes of the Bargy, Konurat, Katagan, Baaryn, Naiman, Kereit, Merke, Kodogochu and Zhoru, they all originate from the Khitan, as well as the Car Bagis, Bagis, Boke, Arys Bagis, and the Chon Bagis (see K. Daniyarov "The history of the fatherland", p. 210)

If we turn to the Kalmaks, we find that their representatives integrated into many Kyrgyz tribes, particluarly among the Sarybagysh, Solto, Tynymseit, Sayak, Kushchi, Saruu, Kytai, Avaat and others. Such deliveries from the Left wing, as Kytai (Khitan), Saruu, Zhetigen (mangyt), Toboy have belonged to the ancient tribes. The Saruu originated from the Dinlin and Kytai, Zhetigen, Toboy - to the people

Kun (Hun), as I described in my work devoted to the study of the history and origins of the Kytai tribe.

Historically there existed no such thing as the Ichkilik[21]. This wing was created much later and artificially with the purpose of dividing and weakening the Kyrgyz nation (see S.M. Abramzon, "Kyrgyz Tarihi boyuncha tandalma emgekter" p. 637 and N.A. Aristov, "Proceedings of the history and ethnic composition of the Turkic tribes", p.49).

The tribe of the Noygut, Naiman, Kesek, Zhoo Kesek, and Chapkyldyk (Chapkynchy) may have been included into the Ichkilik wing, but they all inherited from the birth the genes of the Khitan and therefore belonged to the Left wing of Kyrgyz nation. These tribes also featured among the descendants of Genghis Khan (see L.Gumilev "Search for an imaginary kingdom," p.132-133, 170-171).

At the end of the article I would appeal to readers to contacting me if you have any questions or suggestions.

My email address: anar37@yandex.ru

If we work eagerly, helping to each other in searching the truth, and consulting the Sanzhyra and many others historical sources, then I think we might able to achieve significant progress in our study and a much better understanding of our past Maybe our future will be brighter and better as a result.

Epilogue

We have arrived at end of our story.

Maybe some readers have been hurt by certains comparisons or references I made. For example you may have been irritated by the fact that the sign of the Aryan civilization has been associated with the swastika, the national symbol of Hitler's Third Reich, in this book. My intention is not to approve in any way of the crimes against humanity committed or the worldview held by the national socialists. However, what I did intend show is that the swastika is the mark of the ancient Kyrgyz tribe of the Kytai.

Long before Hitler, this sign had become a part of the intellectual and imperial legacy of the Aryans, and subsequently the ancient Etruscans, Persians, Egyptians, Hittites and many other nations, including the Americans natives, the founders of the Inca and Aztec empires. What made this sign so attractive? The answer is it clearly symbolized the power and greatness the royal family of the Kytai, and it stood for the worship of the god Tengir, the first monotheistic god in the history of mankind.

That is why the ancient Egyptian pharaohs loved this sign as a symbol of supremacy in the world. It was depicted on their hats, obelisks, standards, tombs, and, most importantly, the royal scepter in hand of pharaohs - the symbol and sign of power. It, too, was decorated with the same tamga belonging to the Kytai.

Without a doubt, this sign was adored exceptionally throughout Central Asia and Western China. The pictures presented in this book eloquently prove this fact.

All these phenomena are easy to explain by the fact that the Kyrgyz Kytai tribe created the following great states over the past two thousand years: Tan (sixth and seventh centuries AD), Liao (fourth to sixth century) Western Liao (twelfth century) as well as the empires of Genghis Khan, Babur, Tamerlane and Kokand Khanate. I wrote in my previous work, based on the studying of the books of historians N. Bichurin and L.Gumilev about the outstanding role played by Khitan in the era of the Kyrgyz great power, 840-960 AD.

Now I would like to shift your attention to Western Europe. In his monumental piece of research ("Тюрки и мир: сокровенная история", Moscow, 2004), the famous Russian historian and philosopher Murat Adji[22]. showed that almost all European civilizations and their great achievements like the iron industry, monotheism and the worship of the cross and other symbols were adopted from their ancestors – Attila's invaders, who considered themselves as Aryans. This term is derived from the word aryg, or aruu, which means clean.

I would like to quote an extract from the book:
According to available historical data, the blacksmith's craft in the Roman Empire was from barbarikarii, some of barbaric tribes which knew how to make weapons and armor. From forges and workshops somewhere in the East, where produced iron and then brought to Rome. The Roman Empire did not have iron ore deposits, which met the requirements of the time.

It is no surprise then that even the elite Roman troops were equipped with copper shields, because iron armor and weapons were too expensive.

The cavalry in the Roman army only became a real force in the 4ᵗʰ century, when it began to attract foreigners, mainly barbarians from the East. The Romans themselves were bad riders and had for

---

[22]   Мурат аджи, "Вечное Синее небо-Тенгри"

*a long time considered horses as the expression of lavish style of life
and luxury, as E. Gibbon noted. At the same time the East had come to Europe on horseback.*

*But the most important thing which was exported from the East
to the West was not a weapon or a horse, but the spirit of freedom,
the belief in one god. Their banners bore the equilateral cross – the
sign of faith to the heavenly god, the Europeans were pagans at that
time. They did not know the labarum, cross or iron production. The
cross as a symbol of faith was only adopted by the Europeans in the
4th century, again thanks to the arrival of nomads from the East with
the symbol of the Kutyi on their banners and billboards.*

*In the Altai each clan had a banner, called tug (From this word
originated the Russian religious term duch, which means spirit).*

The Altai flags and banners are well known. One of the images - the
oldest in Europe – was discovered by scientists on a stele near Halle,
in Saxony. It was created one and a half thousand years ago and
shows a cross and three stripes symbolizing the alien riders. Exactly
the same depictions were found on rocks in the Altai and discovered
in drawings dating back more than two thousand years, according to
the prominent archaeologist and scholar Okladnikov.

But I would like to make a slight correction to the conception
of Murat Adji. The author tries in his prominent book to assign
all the achievements of the ancient nomadic civilization to the
representatives of the Kipchaks. Before this, the same theme was
explored by the famous Kazakh poet Olzhas Suleimenov[23], the
author of the very successful "Az and me".

According to conclusions reached by the two authors, it appears
that China, Persia, and India as well as Western Europe were
conquered by the Kipchaks alone while the Kyrgyz nation deliberately

---

23   Олжас Сулеменов, "Аз и я"

received almost no mention in Murat Adji's monumental work. His focuses on the people of the Altai. However, author recognizes that the ancient Altai and the Turks were very ambitious and every tribe aimed to achieve absolute dominance.

I would like to remind the historian and philosopher that the Kipchak as a tribe belonged to the Kyrgyz tribes. The cross-like symbol so adored and worshipped by Christians in Europe and throughout the world is the tamga of the Kytai tribe and was part of its symbolic realm since ancient times. This is not my personal conclusion but an informed statement which relies on book of Abramzon, as well as on the great number of ancient artifacts that were found anywhere where imperial civilization arose. And among them the most important and earliest witnesses may have been the collections of astragals with the signs of Kyrgyz tribes, found in southern Siberia in river mouths dating back to the fifth and sixth millennium BC. You may find the information and historical witnesses from the book of Dastan Sarygulov "Kemtilgen kitep –kemigen Kyrgyz", 2007, Bishkek.

John Milton [24]was a great English poet and historian who lived 400 years ago. In his "A brief history of Moscovia and of other less-known countries lying eastward of Russia as far as Cathay," he mentioned the many northern-eastern peoples and nations, mainly Kyrgyz or their relatives. He wrote the Kyrgyz people were invited as the guests to the coronation of tsar Boris Godunov. He also pointed that the ancestors of Englander were Saxon tribes that came to the British Isles from the northern part of Asian continent on Viking warships.

Milton underlined that the ancestors of both the British and Germans nations originated from the same Saxon tribe. The difference

---

[24]   "A brief history of Moscovia and of other less-known countries lying eastward of Russia as far as Cathay", by John Milton.

between the two, he concluded, was that the Saxons had invaded the territory of Germany earlier, together with the hordes of nomadic tribes before and during the conquests of Attila. England, according the testimony of Milton, was conquered by the same Saxons from the sea, but much later during the era of the Viking invasions.

Milton drew on information from ancient sources and documents, including letters from travelers. His descriptions of the Saxon tribes are valuable because, like Tacitus long before him, he provides a useful characterization of the ancient Germans and their most prominent features. The English poet provided in essence the same portrait of a semi-barbaric people dedicated to fighting, entertainment, with little experience in agriculture, but very well versed in horse riding, short-tempered, but at the same time mentally relaxed, who loved to drink a strange looking muddy intoxicating beverage.

The poet also indicated where the Saxon tribes came from - the northern part of Asia, from the little studied but vast region, which is described in his book as the border area of Muscovia. The reader is informed that the ancestor of the Saxons was King Saka.

Each Kyrgyz tribe owns a specific tamga, which is still used by our shepperds for identifying sheep, usually by marking their ears, or, in the case of horses and cows, the backs, necks or upper part of the legs. The aim was to avoid confusing own private property with the others grazing animals. Long before people began to lead a sedentary life, they learned farming. And prior to that, ancient men were hunting wild animals and gathering wild berries and fruit. Some Kyrgyz tribes and their lords and kings played an exceptionally valuable role in the formation of nation and development of great cultures such as Anglo-Saxon civilization, Sweden, Finland, modern Uzbekistan, Kazakhstan, Turkey, Mongolia, China, Russia, Pakistan, India.

So the prominent ancient Eurasian Kushan empire, that stretched from Central Asia to Hindustan, was founded by the leaders of powerful Kyrgyz tribes - the Kushan (kutchy, kushchy), Gerey, Kutzula Kadfis, Kanishka, Oma. The Kidans, Basys and some others tribes also contributed to this development.

The leaders of the Kyrgyz tribe of the Sayak went on to found many ancient Germanic tribes. The kings of Kidan (Kitay) tribes created the greatest state in ancient and modern times with a population of almost 1.5 billion today. They gave it their own name - Kitay (China).

Even some smaller and and not so ambitious Kyrgyz tribes like the Shivey, Tejic, Gediger, Burgunds, Birkes, Kandy, Sarts, Orus, Kesek, Monoldor, Estuulor, Asteks, Eshteks and others produced a great number of unique cultures and civilizations.

Technically, all the modern world originated in some or another from the ancient Kyrgyz tribes, which were in close relation with ancient civilizations such as the Sumerians, ancient Egypt, Israel, Greece, Rome, China, Kushan, the Ottoman Empire, as well as the Aztecs and Incas. Eventually, the Kyrgyz tribes will be able to unite the world again and achieve the long awaited peace between East and West, Israel and Arabs, Russia and Ukraine, China and the U.S., Shiites and Sunnites, Hindi and Urdu, and so on in our currently so divided and unhappy reality. Please return again under the roof, protection and blessings of your great forefathers!

Anarbek Usupbaev
    President of NGO "Manas Ordo", descendant of the glorious Kyrgyz Kytai tribe.

Hansel and Gretel

(The modern version of old story and tengrian's prying from Zamir Osorov)

Once upon a time there lived one fatally unhappy family. Father was diligent, industrious and even have good education but unlucky. Mother was nice, lovely and as housewife very good and competent and children Hans and Gretel very obedient, smart and curious but nevertheless the family business is going not well. Its might be explained with two kind of preposition. First, their time was hard and government and states and common lieders and elders have not managed this country well and deeply suffered from corruption and others common calamities. And second, this family some people told suffered from bad affliction, they lived in countryside on the border of great black forest and possible fall down from negative power and force of witches or other bad creatures inhabited the depth of forest.

In any case, despite the hard work and industrious and mutual respect and love the family grow and grow in poverty and misery and one evening situation looks so badly that family have had almost nothing for eating and children go to bed hungry.

And wife said to husband:

- Dear, its time tomorrow go to forest and leave there our children.
- What? How can you said so? - bursted her husband.
- If we have lived together, we all starve to death. Hansel and Gretel are children and if we leave them in forest somebody might to find them and help. There are plenty various NGOs and entertainments like "Save the children lost in forest", "Help to orphans" and others.

Hansel and Gretel were so hungry that they didn't sleep and heard what their patent told.

Next day they all go to the forest, Hansel marked a way with the white pebbles collected before on the edge of brook. When they reached to a far corner of wilderness, step-mother asked children leave there and wait, until we pick up the firewood for kitchen stove. And they gone.

Parents not returned to children, that left alone in the dark forest. But when night come and moon rise above the horizon and forest, Hansel find way back to home, thank for glowing white pebbles.

But next day, parents brought the children so far in the forest that children cannot find way to home. Hansel have not time to collect white pebble, instead he marked the way with crumbles of bread and birds eat up them at all and children not finding way to home lost in forest.

Eventually Hansel and Gretel, as you perfectly know, come to the candy house, where had been trapped by evil witch. But certainly it was a quite different story. As you know in nature there no exist neither candy houses neither evil witches at all. But what happened with Hansel and Gretel in deep forest?

They met with the unknown flying objects (UFO), yes with the one big flying plate, the spaceship of aliens which landed in the forest and pretended to look as pretty candy house, trying to trap the innocent children. Captain of spaceship, the strange looking alien with two face and free hands and legs was been alone on board and wanting to play trick with children, camouflaged himself as old ugly witch.

Yes, the alien planned to eat children, burning them into automatic onboard non-stick frying pan beforehand well nourish them and make fat and nice.

But Hansel and Gretel were been very smart and clever and they might overplayed stupid alien who felt himself very bad in the body of old woman, and almost accidently grabbled by the automatic nonstick frying pan and burned and killed himself and happy children left alone in marvelous spaceship with the great wealth belonged to alien, which he accumulated for the long years hunting in universe.

Certainly, children wanted to return at home as fast as possible but they have not any idea where go and that's why decided stay onboard and starting to do the really valuable things there.

Firstly they learned to navigate the spaceship and very soon might to use the autopilot flying regime getting to fly above the forest absolutely safely and invisible for anybody outside.

Then they learned to break into computer systems of UFO and have access to the vast ex-terrestrial knowledge's and marvelous technologies and secrets much more valuable than what usually educated in the best European universities. They learned penetrated so deep into secrets of math, physics, social science and other applicable systems of knowledge as no one before among human beings. They increased and growing such really valuable things and qualities as diligence, curiosity, kindness, patience, communication skills, art of good temper even if all thing going badly and eventually exit from that falling, learned excellent memory, good health, sagacity, smartness, wizeness, keen sense for good lack, tolerance for misgiving of grow, creativity, courage, proactivity and how hooked the top secrets of our universe from Dark Holes (how avoid from extinction, violence, cultural and ethical genocides, atrocious, civilized cannibalisms and peaceful total nihilism with annihilism and other such calamities.

Their learned mathematics and computer skills so good that can able now calculate precise way to the home, have so good physical knowledge, that can shortened great distances, they learned social sciences and practical courses so well that make save the family in any crisis's, even in the worst economic conditions and under the extremely badly states management. And what's more, they have excellent medical education and might work with cutting-edge modern technologies and equipment's, able to ongoing medical treatment on the great distance (through GPS-cardio network) as well as calculating and recalculating genomes of patients and help them not only escape from fatal illness but also lived much longer.

Eventually Hansel and Gretel returned at home and all family lived happy ever after enjoin with extraterrestrial prosperity and comforts.

We suggest you some great discoveries that Hansel and Gretel caught up from airspace wessel of alien that late some part of Mankind have utilized for its benefits.

1. Magna Carta. This marvelous idea planted firstly in England 800 years ago, tho centure after Hans and Gretel adventure. https://plus.google.com/103096123498800662474/posts

2. The dance of string theory. or Sparticles of peace and prosperity http://www.stihi. ru/2015/03/18/3910

3. Unified field theory (UFT) among them application of UNF for religious believers and disbelievers also. https://www. facebook.com/permalink.php?story_fbid=95213487480999 8&id=100004285320506

4. Fast reaching immortality from science predominant improving. Human society at 2th part of XXI century.

5. Fast moving from civilization of zero type to the I (owner of Earth forces),II (owner of Solar system forces) and III(owner of Galactic forces) types. Human society at 2th part of XXI century.

6. The first artificial intellect. Latest decade of XXI century.

The Tengrians Praying

for evolution

The total number of people who had lived in the Earth from the beginning reached 150 billions, 20 times more than living now 7 billion. For everyone living we have correspondingly 20 dead's.

So if you turned to all of them when you make early morning praying and search supports, advices and helps from the past, passed lives as for yours dear ones from the very beginning of times, if you mentioned and respect all of them, your namaz would be rewarded with multiple ways.

Just imagine 150 billion your predecessors from various epochs and cultures and continents - your potential and really ancestors and donors of you genes, if you sincerely expressed gratitude for the such vast number of souls, you would be rewarded immeasurable, joining and absorbing by the great ocean of conscience and sub-conscience of our world and human civilization.

Think about it!

What if you added to them the souls of others creatures, living now and ever had lived in our planet? Domestic and wild animals, birds, fished, reptiles, shakes, insects. Human species only one unit from millions other creatures and youngest among them, where even simple organisms have had extremely highest information contents.

Add to them the much more outnumbered animals, who lived from the beginning of our evolution, the souls of extinction species, that had lived millions and 100 million years before man, before mammals, before birds, reptiles, fishes - pray for all them who belonged to the 95% of all extinct species but many of them reigned in past dozens and 100 million years compare with much more short history of mankind's arise.

We don't know nothing about future and how would be successful human in the scale of surviving rate compare with others animals. There are existed lot of evidences and predicts that time for surviving for mankind might be the shortest among all others animals. Man has lived in Earth no more than one million years. Such modern creatures as cats, wolves, monkeys 10fold older. Crocodile originated and kept the same shape and body 100 million years. Same with sharks, our favorite sturgeons and belugas, and such species as squids and octopuses existed unchangeable more than 400 million years with the highest improved nerve system and brain.

We said that 95% of all species in our World now extinct. Yes sure, but they lived and survived very long time compare with our life span that so fast declined now.

But they are all lived in our genes.

Pray for them, search support from them, asked them to help you to survive and gain success.

This world have teamed with various forms of life and transcendences. Ask energy and help from them, because all of us that living now and had lived once in our past are immortal creatures. No one species and their represents died and vanished at all. Not only human beings but absolutely all living creatures – from our loved dogs, cats, sheep, caws to the linux, eagles, falcons, from extinction mammals and birds (from our activities and bad management) to the dinosaurs, pterosaurs died with natural ways – all of them proceed their existing and life or changed for others form of life. And all of them presented in our genes as the multiple conserved intentions of living forms.

And that also no end of our calculations. According with last revelations of genetics for everyone of life born and grown were existed the great number our not born close relates, that never rise up from primarily state. Absolutely everyone in Earth have had brothers and sisters outnumbered of grains dust of Sahara desert – 30 million trillions units. Multiplicate this great number for all the people who lived in our planet from the beginning and you would appreciate the potential of our life, his richnes, because all this creatures had own mark and uniqueness. The same calculos with absolutely all others living creatures who living or had lived in our planet clearly show you the greatness of enigma of life.

Pray for all them, for yours close and distant relates, for your close and distant outnumbered majorities, asking help and support from that greatness, because all these souls existing and living as the primarily intentions of our universe searching innumerous ways for transcendences.

Be happy and lucky forever – flaying and reviving above the majority and inspired and revived the vast majority and be revived, inspired and supported by them!

at sunset

For the all living creatures
who wandering, flying or crawling in Earth
or swimming in our oceans, seas, lakes, and rivers
prosperous now or close to extinction,
for the all 95% of all species
that had lived early in past
but later totally extinct,
for the souls of billions and billions
our various predecessors
who lived once and who not lived at all
but whose quantity and potentions outnumbered massively
any our achievements but who never was born

had not such luck as those who lived or living now
and sending genes for future.

I turn to all of you who born and unborn,
bound or unbound for progression of life
but whose names and unique codes had equally fixed in Book of
Eternity,
I pray for all of you
and asking your support, advises and energies
because I have sincerely believed
that your lives and intentions to be alive had not been aimless and
vain,
and you are shell be rewarded in future
we are all, brothers and sisters,
close relates and cuisines
in our oldest planet
under this great Sun.
Because I sincerely believed
that our massively sufferings
inevitable changed for massively happiness
and resurrection,
when all existing and preexisting intentions and tendencies
happy or not so or destroyed mersillesly in seeds
once have find and never lost their flourishing and peacefull
transcendences.

at sunrise

For the 80 million Kyrgyz's people
who had lived ever before
since the beginning of life,
and for the 5 millions who are living now in our land,
for the immense number of others our relates
who continued lived, gave the birth for many great nations and
countries

in Asia, Europe, America and others continents,
who had been happily dispersed or severely and cruelly assimilated
by others culture and identities.

in any case your offspring's have been widely distributed and
dispersed and not vanished at all,
they are all bearing the ancient Kyrgyz immortal's genes of their
great forefathers,
who once upon a times in the past millenniums ruled by most part
of this world
and had been very prosperous, influential, smart and inventive.

So I turn for all you - living and lived in our planet,
as for my close relates, forefathers, cousins who survived and lived
in glory, pride and victory
or survived in declining and depressed progressively states
in various corners of this Globe,

I turn to all of you
arise, activate and come to help us
as for your fathers and grandfathers that now so hardly survived
in small part left from our great empire,
please help to save Kyrgyzstan,
protect its independence.

We know that most part of the world
originated from our great forefathers,
many of them established later
as our enemies,

please, open their eyes
let our ancient powerful and strong relates
and their offspring's
awoke and coming to help us
and stopped open and secret war and genocidal long term pressure
against our country and freedom,

have lead for systematically diminishing and weakening
our small nation
and downgrade mentality and state,
which was the greatest
and most influential
in past centuries.

Let our sons among the lieders of China.
Israel and Arabia,
Russia, US, West Europe, Japan, India, Brazil and Australia
coming to help us and our freedom and independence,
let most successful and richest persons worldwide
starting to invest to our freedom, education and independence -
not for our enslavery, stupidity, selfhumiliation,
going for new colonization
through massively bribe our lieders and fluorishing corruption.

O great Tengir, who lives everywhere and forever,
arise, revolt the eternal greatness and immortal power of Tengir-Too.

”

АНАРБЕК УСУПБАЕВ
Общественный фонд "Манас Ордо"

Происхождение современных кыргызских родов

Кыргызы в средневековом Пекине

В апреле 2012-года я гостил неделю в столице Китая Пекине, где мне удалось побывать в усыпальнице знаменитого советника Чингизхана Элуу Чусцая, который по своему происхождению является представителем рода кытай из левого крыла кыргызов (он был известен по прозвищу Длинобородый). Я также побывал в башне Тяньин, построенной по приказу императора Ляо (это слово в переводе означает сталь) в 1120 году, который является еще одним представителем рода кытаев или киданей.

Я привожу здесь фотографию Бураны Тяньин - шедевра мировой архитектуры, построенного в 907-1125 годах, а также снимок скульптурного памятника, установленного на месте захоронения Элуу Цусцая. Данный монумент возведен по приказу императора Кубилай хана (потомка Чингизхана) в 1261 году. Сегодня он находится в центре парка Истории и отдыха Ихы Юань, созданном в эпоху правления цзиньских императоров.

Памятник империи Ляо (сталь),
башня-мунара Тяньин,1120 год, Пекин.

Сегодня многие наши граждане проявляют интерес к истории и санжыра. В связи с этим я бы хотел пожелать всем им, чтобы они, прежде всего, опирались на достоверные исторические данные и материалы, делали на их основе выводы и заключения, а не писали и выдумывали что они считают правильным. В последнее время много появилось и таких "знатоков", которые даже не зная достоверной истории и происхождения своего рода, тем не менее, считают себя санжырачы и поучают других. Я бы хотел обратиться ко всем, кто интересуется этими вопросами, с призывом к ответственности - было бы хорошо, если вы вначале сочли необходимым тщательно изучить историю своего рода на основе беспристрастных исторических данных, и только после этого делать какие-то выводы, а тем более публиковать их. И тогда мы общими усилиями могли бы воссоздать достоверную историю всего кыргызского народа, всех его родов.

Я глубоко интересуюсь историей своего рода кытай и стремлюсь воссоздать его истинное прошлое. Всякий раз приступая к этому труду я обращаюсь к Всевышнему - Коко Тениру, - к окружающей нас природе и ее таинствам, - прося у них помощи и подмоги, а также - к моим отцам и прадедам, которые уже давно оставили этот иллюзорный мир - моим матерям и бабушкам, родным со стороны матери, братьям и братишкам, сестрам и сестренкам, перешедшим в иной мир, чтобы они тоже помогли мне, дабы в итоге я мог написать правдивую и достоверную историю своего народа.

Я считаю, что история и санжыра должны идти вместе друг с другом, и тогда мы сможем воссоздать неискаженную картину нашего прошлого.

Уважаемый читатель, в этой статье я хочу поведать вам о памятниках, которые оставили наши предки в Пекине. В своих прошлых статьях я уже привел убедительные исторические доказательства в пользу того, что Чингисхан, как и его советник Элуу Чусцай, являются представителями рода кытай (кидань – сталь). В этой статье я посчитал нужным привести новые факты и свидетельства.

Как пишет в своей книге "История отечества", изданной в Алмате в 2000 году, казахский ученый Калибек Данияров[25]:

---

[25]   К.Данияров "История отечество" 2000-жылы Алматыда чыккан китебинин 209 стр..

"В истории китайского народа Чингизхан представляется китайцем, представителем народа китай, в то же самое время казахские роды создали китайское государство и главную роль в этом процессе сыграл казахский род под названием китай".

В своей книге "Кем являются казахи?" я привел много достоверных материалов о генезисе братского нам казахского народа. Дело в том, что основу казахского народа составляют все те же кыргызские рода. Кыргызский род китай вошел в состав казахского народа со своими составляющими подродами, которые стали называться у казахов как самостоятельные рода. Это такие составляющие как: богожу - боржигин, кыйра -кыят, таялмыш-тайжуут, кертеней-кереит, кара кесек, торт кара.

В последние годы идут большие споры вокруг имени Чингизсхана. Китайцы считают его своим, исходя из названия его рода китай, казахи относят себя к потомкам рода китай, русские также считают, что их предками были кидани. Разумеется, все они во многом правы, Чингизхан и его род китай принадлежат кыргызскому народу, и никто не отрицает факта родства казахов, китайцев и русских с кыргызами, благодаря опять же роду китай.

В этой же книге на странице 211-й Данияров[26] делает верный вывод о том, что кыргызский род сарыбагыш происходит от кыргызского рода найман. В свою очередь найманы происходят от рода киданей, об этом пишет уже Лев Гумилев[27] в своей книге "Поиски вымышленного царства", приводя убедительные доказательства.

Я позже приведу свои собственные доказательства в пользу этого вывода. Для нас важно уяснить, что само название китай и китайцы народом ханьзу является прямым следствием того, что кыргызские императоры из роды китай или кытай долгое время

---

[26] К. Данияров "История отечество" 211 стр.
[27] Лев Гумилев "Поиски вымышленного царства" 132,133,170,171 стр.

правили этим великим государством. И именно во времена
правления киданей появились такие империи как Танская,
Ляо и западный Ляо (в Средней Азии). Вы сами найдете много
материалов на этот счет, если наберете в интернете слово
кидани или китай.

Многие события, описываемые в многоплановом эпосе
Манас, касаются именно этого периода, когда кыргызские
императоры, устроив свою верховную ставку в Пекине, правили
этим государством. Говоря так я здесь далек от утверждения,
что наш предок Манас жил в танскую эпоху или во времена Ляо.

Точно также А.Н.Бернштам в своей книге "Избранные труды
по археологии и истории кыргызов и Кыргызстана"[28](второй
том) приводит доказательства того, что кыргызы жили 4000
лет до нашей эры.

Все источники и свидетельства говорят в пользу того, что
наш величайший предок жил в бронзовую эпоху. Я привел
доказательства в своей книге "История кыргызского рода
китай."

Естественно, что многие манасчи имели лишь отрывочные
сведения о санжыра и о многослойной истории нашего народа,
и поэтому привязывали к Манасу к тем или иным историческим
событиям, которые происходили значительно позже.

Например, в эпосе нашего великого манасчи Жусупа Мамая
свою сестру Чыйырды Акбалта выдает замуж за Жакыпа.
Другая жена Жакыпа Магдум была прежде вдовой-узбечкой,
а Бакдолет - таджичкой. В этом варианте эпоса отражена
эпоха, когда калмаки угнетали кыргызов. Так же обстоит и с
вариантами Сагынбая Орозбак уулу, Саякбая Каралай уулу.
Между тем женитьба Жакыпа и Чыйырды не соответствует
кыргызскому санжыра, так как кыргызы строго соблюдали

---

[28]   А.Н Бернштам "Избранные труды по археологии и истории
        кыргызов и Кыргызстана" 2-том, 311 стр..

принцип, согласно которому нельзя сочетаться браком между родственниками до седьмого колена.

Очевидно, что здесь наблюдается влияние ислама, и в этом нет ничего удивительного, многие манасчи исповедали мусульманскую религию и находились под сильным влиянием эшенов и молдо.

Вот как пишет об этом известный кыргызский санжырачи Сапарбек Закиров в книге "Кыргыз санжырасы"[29]. "Азиз-кожо, известный эшен, на глазах у Ажыбек датки давал наставления Ырчы (речь идет об известном манасчи Балык оозе): "Впредь вы не упоминайте в своих творениях ханов и личностей, которые не приняли ислам. Только если вы будете воспевать тех, кто стали мусульманами и сражались за веру, вы будете благословлены и попадете в рай".

Также Азиз-кожо требовал больше упоминать об Муканбед пророке, Азирет Аалы Шере (родственник Муканбеда по отцовской линии, который был женат на дочери пророка Фатиме. - прим А. У.) "А если будете воспевать ханов прошлого, которые исповедали буддизм, то вы станете нечестивыми и ваши души будут гореть в аду".

Что и говорить, поведение и слова религиозных фанатиков мало изменились по истечению стольких лет!

После таких наставлений Балык ооз начал перерабатывать "Манас" в духе ислама, о чем он сам признается.

Вообще, традиции женитьбы на близких родственниках по отцовской и материнской линии являются обычным делом для евреев и мусульман.

К примеру, Ибрагим пророк был женат на своей сестре по отцовской линии Сааре. Мухамбет пророк был женат на своей

---

[29] С.Закиров "Кыргыз санжырасы" китебинин 367-стр.

сестре от праотца Кадиче, а свою дочь Фатиму выдал замуж за сына родственника Али.[30]

В то же самое время таджики как народ сформировались в VIII веке (Л.Гумилев "Конец и вновь начало",101-стр.), а узбеки - в XVI веке. [31]

Я привожу свои доказательства этим утверждениям в своем труде "Турк эли менен кыргыз элинин айрымасы", который был написан на основе научных данных и источников. Таким образом Каныкей не является дочерью таджикского народа, она из подрода тэжик кыргызского рода суу мурун.

Точно также во времена Манаса не было такого народа как калмаки. Калмак происходит от слов "калып калган эл". Настоящее название этого народа жунгары (ойроты). Этот народ проживал в северо-западной части современного Китая, в так называемой джунгарской равнине. В XVII-XVIII веках они создали Ойротское ханство. Тогда и появился этот народ, в состав которого вошли динлины, сарттар (уйгуры) и гунны.

Среди родов, которые входят в состав калмаков есть дербеты, торгуты, хошуты, захчины, чоросы (этот род многочисленен в составе кыргызов), баяты.

То, что Манас, наш предок, является представителем рода кытай (кидань), подрода ногой (родовой знак "Т"),[32] я изложил в своем труде "Кытай уруусунун санжыра тарыхы", приведя все необходимые доказательства. А что касается таких героев эпоса "Манас", как Конурбай и Алманбет, то они были из рода киданей, подрода кыйра(кыят),кара кытай.[33] Сегодня 90

---

[30]   Хадистер:Бухари,Муслима,Насаи,Ибн   Маджы,Табари. Р.Аглетдинованын эмгектери жана Муслима.Ру сайты.

[31]   Л.Гумилев"Конец и вновь начало"101-стр.

[32]   С.М.Абрамзон "Кыргыз жана Кыргызстан тарыхы боюнча тандалма эмгетер"756 стр.

[33]   С.М.Абрамзон, "Кыргыз жана Кыргызстан тарыхы боюнча тандалма эмгетер", 749 стр.

процентов кыргызских родов происходят из рода кытай, о чем свидетельствуют приведенные мной данные.[34] Конфликты и войны между родами имели место всегда, как в древности, так и теперь. Взять хотя бы войну между родами бугу и сарыбагыш. И то, что Алманбет баатыр пришел в ряды воинов Манаса, это не просто случайный факт, а результат сложных отношений и противоречий между родственниками: он обиделся на своего родственника Конурбая и покинул его. И то, что якобы Манас всю жизнь сражался с калмаками - это версия была специально сконструирована во времена СССР, чтобы не портить отношений с Китаем. К тому же, в советские времена манасчи, санжырачи и историки не знали настоящей истории кыргызов, тогда ведь в вузах преподавали только историю КПСС, вдалбливая всем в головы, что мы всего достигли только при власти коммунистов, а наше прошлое было объектом манипуляций политиков, которые лезли из кожи вон, чтобы доказать, что кыргызы своей историей, происхождением и культурой обязаны КПСС.

Когда калмаки правили в Средней Азии, Кокандское ханство возглавляли кыргызы из рода кытай (кидань).[35] Китайскую империю в то время возглавляла династия Цзин (это опять же роды маньжу и кидани). Маньжу и кидани происходили из одного рода, известного под именем тунгуз-маньжуры.[36]

От маньжуров также происходят татары (кара ногои), мангыты и такие кыргызские рода, как жетиген, чекир саяк, в том числе и европейские шведы (в древней истории они известны под названием эл шибейлер). В древности народ ханьцзу (или китайцы) находился под управлением маньжу и кыргызкого рода кытай (киданей), впоследствие выходец из

---

[34]   Э. Паркер, "Татары. История возникновения великого народа". 1174 стр.

[35]   В.Корнеев.   Российский   университет,"Незав.   Воен. обозрения",№22,1999 г. 5 стр..

[36]   Лев Гумилев"Поиски вымышленного царства"62-63 стр.

кыргызского рода монгол (это не современный народ монголы) Чингизхан и его потомки продолжали править Китаем.

Хочу здесь прояснить происхождение термина монгол. Как свидетельствует известный историк Б.Зориктуев, этот народ, живший по берегам реки Амур, которая переводится с кыргызского как "река жизни". Так вот по берегам этой реки в те времена было множество озер, край назывался страной тысяч озер – Мин көл. Народ, живший там также был назван монголами, это словосочетание восходит к мин көл.[37] Известно также из древних источников, что кыргызы происходят от скифов (саков)- гуннов, динлиней.

Вот, что пишет великий русский историк Бичурин Н.Я в 1 томе своей книги, стр. 39 "...гунны - это древнее название монголов (не современных монголов)."[38] В этой же книге на странице 385 он признает основателем монгольской империи тунгусские народы, а не современных монголов. А о тунгусах он пишет на стр. 389 следующим образом: "Они еще назывались Мынву и считались народом сильным и храбрым. Отсюда видно, что они принадлежали к числу тех тунгусских поколений, потомки которых ныне обитают по обеим берегам Науна, под родовым названиям дахуров или даурцов (это кидани, представители кыргызского рода кытай, известные в истории как сяньби)."

Сяньби[39] это еще одно название кыргызского рода кытай (кидань). Об этом же пишет Л.Гумилев в книге "Поиски вымышленного царства", 55-стр. что от сяньби происходит много кыргызских родов, например: төбөй, авад и другие.

В войне с Ойротским государством воины Цзиньской империи были союзниками Кокандского ханства, это были в

---

37   "История степей", С.Акимбеков.129 стр.

38   Н.Я.Бичурин"Собрание сведений о народах,обитавших в Средней Азии в древние времена," 1-том.385,389 стр.

39   Л.Гумилев"Поиски вымышленного царства"55 стр.

буквальном смысле братские страны и народы, и вместе они одолели могущественного противника в 1750-1760 гг. Именно в те годы многие плененные жунгары стали рабами кыргызов и казахов. Впоследствие они вошли в состав кыргызских и казахских родов, некоторые жунгарские рода сохраняли свою относительную независимость, живя среди кыргызов, заключив с ними договора. От них и происходят современные калмаки.

Уважаемый читатель, как вы сами могли заметить, эпос "Манас" является многоплановым историческим произведением. Если бы Манас жил в нашу эру, как считают некоторые историки, то его имя осталось бы наряду с именами правителей Адыл хана (Атиллы), Темирчи (Чингизхана). Однако в том-то и дело, что реальное время жизни Манаса относится к бронзовому веку, то есть к периоду времени, отстоящему на 4000 лет от начала нашей эры. Или 6 тысяч лет тому назад.

В те времена еще не было семитских народов - евреев и арабов. Впрочем, это они признают и сами. В соответствие с еврейским календарем весь мир был сотворен ровно 5774 года назад, если вести отчет от нынешнего года. Но сотворение мира не может совпасть с сотворением человека. Между этими двумя эпизодами должен быть промежуток времени, когда происходили отделение воды от суши, сотворение звезд на небе, растений, животных и так далее. Если предположить, что человек появился спустя тысячу лет после сотворения мира, то можно датировать в соответствие с еврейскими санжыра, что человек появился 4774 года назад. В соответствие с санжыра от пророка Мухамбета, его от Адама отделяют всего 44 поколений. Если одному поколению отвести примерно 30 лет, как это делается историками в таких случаях, то получается, что Адам жил за 1320 лет до Мухамбета, родившегося в 632-году нашей эры, то есть дата рождения Адама 688 год до нашей эры. Как можно не поражаться таким наивным санжыра и вымыслам!

Если же опираться на строго проверенные научные данные, то предки кыргызов уже 8 тысяч лет назад, в эпоху начала патриархата, уже приручили домашних животных - собаку, лошадей, коров – и создали государство. О том, что наш предок Манас жил в бронзовую эпоху, свидетельствует и слова клятвы батыра: "Если я не исполню свой долг, пусть меня покарает Коко Тенгир!"[40]

Кстати, пророк Авраам также обращался к небу, Тенгиру[41]

В своей книге "Отличия между тюрками и кыргызами" я писал о том, что многие средневековые башни-мунара, имеющиеся в Пекине, Тяньине, Ак Бешиме (в окрестностях современного Токмока), Узгене, Ургенче, Бухаре удивительно похожи друг на друга, вплоть до мельчайших деталей - все они были построены императорскими династиями из рода киданей, которые объединяли восемь древних кыргызских родов. Это создатели империй Тан, Ляо, западный Ляо. В своей книге я пишу о том, что все эти башни имеют восьмигранную основу и башни в целом напоминает по форме мужской пенис, как символ могущества империи, объединяющей восемь родов.

Когда я был в Пекине, я посетил мавзолей Элуу Чуцсайа, однако он был закрыт и недоступен туристам. Я обратился к руководству мавзолея с настоятельной просьбой, что мне надо непременно побывать на могиле моего великого предка и поклониться его праху. Тогда руководство мавзолея, долго советуясь между собой и обращаясь по сотовому телефону к своим высшим руководителям, в конце концов, объявили мне, что для меня сделали исключение, что на следующий день музей будет открыт в 15-00, пригласив меня посетить усыпальницу снова.

Когда я пришел к мавзолею моего великого предка на следующий день в условленное время с цветами в руках, то меня там встретили четыре представителя народа ханьзу, пригласив меня в покои Элуу Чуцсая, где я имел возможность

---

40   О.Айтымбетов "Кара кыргыз" 5-том.6 стр.
41   Тоора,брейшит 24 хаей Сара.7. раздел."**Бог,Всесильный Бог Небес**".

поклониться праху великого человека и прочитать молитву Всевышнему, чтобы он всегда поддерживал землю кыргызов и народ кыргызский, меня, моих родных и близких.

Многие мои соотечественники, относящиеся к правоверным мусульманам, могут даже в этом эпизоде найти повод для того, чтобы покритиковать меня за то, что я не прочитал молитву на арабском языке. Но я хочу сказать этим товарищам, что мои предки Чингизхан и Элуу Чуцсай поклонялись Тенгиру. Кто смотрел художественный фильм о Чингизхане, наверное, обратил внимание на то, как молился великий завоеватель.

Снимок сделан у входа в мавзолей Элуу Чуцсая. Справа - сотрудник музея Утя Жу, который оказался представителем рода кидань - родственником автора.

Христианская релишия берет начало от тенгрианства. В своем замечательном труде наш выдающийся современник, представитель братского кумыкского народа Мурат аажы[42] приводит нижеследующие данные:

В Тибете есть святая гора "Кайлас", похожая по форме на пирамиду, которая считается подножьем Создателя. Под горой "Кайлас" имеется озеро "Манас", куда издревле приходили паломники, чтобы помолиться и очиститься. Слово монастырь берет начало от названия этого озера, точнее от словосочетания Манас=тур, то есть "стоять радом с озером Манас". Впоследствие это слово прочно вошло в русския язык и олицетворяет собой храм для поклонения Богу, похожий по форме на гору Кайлас. Слово "монах" также происходит от слова Манас.

Я полностью поддерживаю эти предположения, они подтверждаются многими историческими материалами. В своей книге "Кытай уруусунун нукура тарыхый санжырасы" я подробно изложил свою версию о том, что наши предки, поклонящиеся Тенгиру, воздвигли египетские пирамиды и оставили в иероглифах, царских символах, головных уборах, жезлах все те же самые родовые знаки знаменитого кыргызскогог рода кытай (кидани). Да сам головной убор кыргызов – ак калпак, не случайно носит такую строго пирамидальную форму и ничего подобного нет у других народов. Любопытно, что калпак складывается крест-накрест и если смотреть на него сверху, то можно видеть все тот же родовой знак киданей.

Хотел мы сказать еще об одной удивительной веши. Кыргызы поклонялись Тенгиру и трепетно относились к так называемому празднику Нового года, который после кыргызов стал известен на востоке и по всему миру как праздник Нооруз, что в переводе с персидского означает "новый день".

---

[42]   Мурат ажы(аджи) "Вечное Синее небо-Тенгри"

В книге российского историка П.Чайковского, изданного в 1914-году под названием "Родина народов арийской расы,"[43] приводятся данные о том, что 1004 года до нашей эры озеро Ыссык-Куль не было, а в самой котловине процветали города арией. Долина орошалась мноочисленными реками, которые вливались реки Чуй и Талас и достигали дальше до Аральского моря, соединного в то время с Каспийским морем, а через него с Черным и Средиземным морями.

В те времена предки греков добирались по этому водному пути до Иссык-Кульской котловины, где добывали легендарное золотое руно. Шкуры тонкорунных овец они ложили на дно горных потоков, и спустя какое-то время они наполнялись золотым песком, откуда и идет легенда о золотом руне.

1004 году до нашей эры (то есть 3004 года тому назад) в Иссык-Кульской котловине произощло сильнейшее землетрясение, вследствие чего большая часть народа погибла, котловина была затоплена водой, а река Чуй, потеряв подпитку, стала мелкой рекой, что привело к засухе. Остатки народа ариев в поисках воды и плодоодных земель ушли в Индию, Переднюю Азию, основав на берегу Тигра государство Асурь (280 стр.). Другая часть ариев направились к Кавказским горам и дальше через них в Европу. Таковы истоки индоарийцев, это были наши предки.

Другое название наших предков, хорошо известное в древнем мире - буруты. Народ, живущий в горах приучивший к охоте беркутов. Эти арии остались на территории Центральной Азии. Все арии и индоарии празднуют 21-мартта, современные народы Персии, Ирана,Ирака отмечают этот праздник, унаследованный от наших предков. Еврейский пророк Иезекииль (592-год до нашей эры) упоминает о нашей земле, как о рае (281 стр.), об этом же говорится в XXXI главе "Арийана-Ваеджа прекрасной природы", которая есть Центральная Азия (Ыссык-Куль,Чуй,Талас).

Кыргызский народ поклонялся четырем дням в году, считая их святыми[44]. Это 20 марта (день весеннего равноденствия), 21-июня (самый долгий день в году), когда скотина начинает отгоняться к летним пастбищам, 22-сентябрь(день осеннего раноденствия), пора сбора урожая, а скот с пастбищ возврашается к местам зимовки. И наконец 21-декабря (самая долгая ночь в году) – в этот день наши предки справляли Новый год, наряжая арчу или ель разноцветными тканями и лентами, зажигая свечи, делая друг другу подарки, прося благословения Тенгира. Разумеется, в этот день проводились конные состязания и другие национальные игры, манасчы и акыны соревновались в искусстве импровизации.

Чингизсхан во время своего правления проявлял толерантность по отношению к представителям других религий и народов его огромной империи, никогда не преследовал их по религиозным мотивам. Но мы должны отметить, что верховная знать семитских народов (евреев и арабов) отличалась нетерпимостью к тенгрианской вере, тайно плетя против нее интриги и козни. В частности, достоверными фактами истории являются подкупы потомков великого хана семитской знатью, помимо искушения золотом и раскошью, в качестве любовниц и наложниц, а затем и жен предлагались им самые красивые и умные женщины. Так матерью потомка Чингизхана Узбек хана была женщина еврейского происхождения, когда Узбек хан[45] взошел на трон в качестве правителя, он заставил своих поданных принять исламскую религию в 1312 году.

---

44   Венгриянын улуу окмуштуусу,түркологу,кыпчак Иштван Конгур Мандокинин эмгегин окусаңыздар болот.

45   Л.Гумилев"Поиски вымышленного царства"167 стр..

В связи с этим приведем один пример, который ярко характеризует Чингиз хана. Узнав о том, что в стан монголов проник арабский посланник, который хотел распространить учение о пророке Ислама, он приказал поймать его и привести к себе.

Чингиз хан запретил ему проповедовать чуждую религию и учение, сказав, что он и его воины поклоняются Тенгиру и покровителю войны Сольдугу! Более того император призвал арабского посланника поклоняться Тенгиру и передать своим царям и владыкам в исламском мире, чтобы они открыли ворота крепостей, когда он направится с военным походом в их сторону. В ответ на это арабский посланник сказал: "В святую землю могут пройти только рабы Аллаха и те, кто следуют путем Мухамбета пророка."

Чингиз хан разозлился на слова посланника, и сказал, что он завоюет их страну, чтобы сделать их своими рабами, а таких проповедников, как ты очень много, посмотрим, как твой бог поможет тебе, после чего поджег его стопы, но не стал убивать, отправив назад.[46] Чингиз хан никогда не убивал посланников, пророков, в соответствие с кыргызской пословицей "Баш кесмей бар,тил кесмей жок деген"

Мировоззрением тенгрианства пропитаны все традиции кыргызов и его философия, национальная самобытность, его героический эпос "Манас", язык, поэзия, нравственные устои.

Известно также, что в IV-V веках нашей эры существовала несторианская религия, и как утверждают источники, часть представителей рода кытай приняли эту веру. Я не могу согласиться с такими утверждениями, потому что наш предок Адыл хан (Атилла) покорил Римскую империю в 451–году,

---

[46] Шелковый путь. Дукенбай Досжанов. "Известия",Москва -1983. 132стр.

при этом принудив римлян принять тенгрианскую веру, о чем свидетельствует масса исторических источников. Об этом я подробно написал в своей книге "Кытай уруусунун санжыра тарыхы". Одними из ключевых символов несторианской религии являются все те же символы тенгрианства: солнце в виде круга, отходящие от него четыре луча, тюндук кыргызской юрты.

Эти же дорогие моему сердцу символы я обнаружил и на могиле моего великого предка Элуу Чуцсая.

Кстати, эта могила также выглядит как типичное место погребения знатного кыргызского феодала[47], когда после захоронения сверху насыпают округлую горку, напоминающую купол юрты.

Почему я так подробно описываю детали захоронения Элуу Цуцсая и показываю так много фотографий? Дело не только в том, что эта, в сущности, могила моего предка. Как истинный санжырачы рода кытай я хочу вам напомнить о древних знаках этого рода.

У нашего предка отца Кытая были два сына: первого звали Байтике, или на языке ханцзу Абаоцзи, который был императором Ляо (сталь), (родовой знак " ⊤ " Империя Ляо существовала в 907-1125 гг. в тех же самых пределах, где сегодня живет и развивается Китай. Второго сына звали Буудай (төмөн тамга, эн тамгасы "⊥ "). Эти два символа объединяясь дают знак " + " плюс (крест).

На фото справа внизу вы видите фрагмент боковой стены башни Тяньин в Пекине. На ней даны символы арийцев + или то, что у нас принято называть знаком "плюс" или "крест."

---

[47] К.А.Акишев "Курган Иссык,Искусство саков Казахстана"Москва,Искусство,1978г.

Вы также можете видеть на этом же фрагменте своеобразную генеалогию этого символа, который происходит от двух половинок символов, восходящих к символам кыргызского рода кытай (кидань) - к родовым знакам двух сыновей прародителя Кытая.

На фото слева, вы видите все тот же крест, изображенный на могиле Элу Цусцая, все те же вариации буквы " т " и ее обратной модели " ⊥ ", при этом эти знаки объединяясь порождают арийский символ, известный всему миру.

Кумбез Элу Чуцсая изобилует этими символами. Так на снимке, приведенном ниже, дан другой фрагмент башни, на котором запечатленны символы " т " и " ⊥ ". Эти два символы объединяясь дают знак +.

Этими знаками изобилует древние архитектурные памятники Центральной Азии, принадлежащие к той эпохе. Например башня караханидов в кыргызском городе Узген, которая была вся покрыта арийскими символами. К сожаленью, в 60 годах прошлого века руководствуясь идеологическими мотивами советские рестовраторы-вандалы попытались полностью стереть арийские символы ⌇, вырезанные на камне, в результате чего этому тысячалетнему архитектурному шедевру был нанесен значительный ущерб. Тем не менее даже теперь, если внимательно приглядеться к стене башни в Узгене, можно без труда различить все еще сохранившиеся знаки арийской цивилизации.

На снимке в правом углу вы видите фрагменты башни в городе Бухара, где также отчетливо видны все те же киданские и арийские символы

А на снимке внизу приведем другой фрагмент стены башни Тяньин в Пекине, где вы можете видеть узор сотканный из этих символов.

Причем обратите внимание, что арийские символы даны как по часовой стрелке (на снимке слева, знаки пмеченные желтым цветом) так и в обратном направлении (на снимке справа) Думаю, никто не будет сомневаться в том, что это древние родовые символы кыргызского рода кытай, левого крыла, которые фактические обьединяют не только левое крыло, но и правую ветвь кыргызского народа. Как я уже говорил выше, если обратиться к источникам, в генезисе кыргызского народа род кытай играл ключевую роль.

Самое интересное, родовые знаки кыргызского племени кытай (кидань) встречаются в оформлении практически всех мечетей и мавзолеев, построенных на территории Средней Азии и Казахстана в промежутке времени между IX-XVI веками[48]. Это мечети Гур-Эмир и Биби-ханым и мавзолеи с теми же наименованиями в Самарканде, то же самое можно сказать и о медресе Улугбека, о мавзолее Шах-зиндан в городе Афрасиаб, о башне Калян в городе Бухаре, построенном по приказу последнего эмира Ситора Мохи Хоссана, о мавзолее в городе Туркестан, построенном по приказу Тамерлана в честь хаджи Ахмеда Яссави в 1399 году. И наконец, во дворце правителя Коканда Кудаяр хана также можно обнаружить арийские символы (свастику).

Какой же смысл сокрыт под этим знаком? Крест считается символом солнца у арийских народов, символизирует четыре луча, отходящие от центра, напомним, что самоназвание арийского народа гунны происходит от термина кун, что значит солнце. Об этом же свидетельствует и древняя кыргыская поговорка, восходящая к тенгрианству: наш отец - луч солнца, мать - земля, наша кровь - вода, а душа - воздух).

А у семитских народов (евреев и арабов) родовым символом считается знак луны. Сразу возникает вопрос - почему в мечетях, построенных в Центральной Азии, изображены арийские символы? Ответ очень прост и очевиден: на территории

---

[48] "Ведические символы Средней Азии и Казахстана"деген сайттан алынды.

нынешней Средней Азии и Казахстана с древнейших времен проживали наши предки, исповедующие тенгрианство.

А если мы обратим внимание, что и древние шумеры[49] также считали эти символы своими, то нетрудно установить, что родство кыргызов и шумеров объясняется именно тем фактом, что кидани являются прямыми потомками шумеров, которые тоже поклонялись кресту, как символу тенгрианства и признания, что человек родился от луча света, земли, воды и воздуха.

На предлагаемом ниже снимке вы видите портрет Чингизхана (Чын кыргыз кан) с сыновьями во время проведения Курултая 1221-года на берегу реки Сыр-Дарья.

Картина была написана художником Масуд ибн Османи Кухистани почти 500 лет назад по приказу Абдилатип хана, внука Абылкайыр хана, правившего в 1540-1551 гг. Обратите внимание на головные уборы Чингизхана и его сыновей.

Кет Бука – акын, живший в 13-веке, который был свидетелем завоевательных походов Чингизхана. Об этом акыне много говорится в санжыра, легендах, исторических хрониках и фольклоре кыргызов, казахов ногойцев. До нас дошла поминальная песнь, написанная Кет Букой в честь гибели сына Чингизхана Джучи (1227-год). Текст песни был записан в 13-веке оставшимся неизвестным персидским фольклористом, во время путешествия по кипчакским степям.

Эта песнь была включена в сборник "Родословная тюрков" арабского историка Ибн-Аль-Асира (умершего в 1323-году), который прямо указывает, что песнь была написана в 1227-году.

---

[49] Николай Кикишев."МЕТАИСТОРИЯ,откуда мы родом"431-440б.б. А.К.Нарынбаева "Туран колыбель древних цивилизаций"285-309б.б.

Кет Бука был из рода найманов (найманы входили в состав кыргызского рода кидань (кытай), доказательства будут приведены мной позже). О Кет Буке говорили в народе, что он мог своими песнями волновать три дня воды озера, что он был уважаемым в народе бийем, умел разрешать споры и конфликты, а также великолепено играл на комузе.

Согласно персидскими источникам, Джучи был старшим сыном Чингизхана, которого отец любил и ценил больше всех остальных сыновей. После смерти Джучи, спустя 6 месяцев, умер и сам Чингизхан.

Никто не мог сообщить печальную весть о гибели сына отцу, опасаясь его гнева. Так вот Кет Бука был вызван специально для такого сложного поручения. Как это принято у кыргызов Кет Бука исполнением песни с загадочными словами, довел до отца трагическую весть.

Кет Бука:

Туу куйругу бир кучак,
Тулпар качты, Айганым.
Туурунан бошонуп,
Шумкар качты, Айганым.
Алтын така, күмүш мык
Дулдул качты, Айганым.
Алтын туур ордунан
Туйгун качты, Айганым.
Алтын ордо багынан
Булбул качты, Айганым.
Деңиз толкуп чайпалып,
Көл бөксөрдү, Айганым.
Терек түптөн жулунуп,
Жер бөксөрдү, Айганым.

Ала-Тоо кулап, пас болуп,
Бел бөксөрдү, Айганым.
Берекелүү нур качып,
Эл бөксөрдү, Айганым.
Төрөлөрдүн уругунан
Төл бөксөрдү, Айганым.
Агын дайра соолуп,

Көл бөксөрдү, Айганым.
Кара жандан таптатты
Ынак көчтү, Айганым.
Касиеттүү башкача
Чырак өчтү, Айганым.

В этой песне Кет Бука говорит о том, что могучий тулпар покинул стан хана, сокол улетел с тура, иноходец подкованный золотыми подковами, подбитыми серебрянными гвоздями, ушел в степь, что Золотую Орду покинул копчик, улетел соловей, вода в озере разбушевалась и поубавилась, земля затряслась и сократилась, Ала-Тоо сотряслась и стала ниже, горные кряжи и перевалы поприжались, и народ стал меньше числом и слабее.

Чингиз хан, догадавшись о чем рассказывает своей песней Кет Бука, погружается в гнев и отчание, с плачем обращаясь к Кет Буке:

Кет-кет, Кет Бука,
Кеби суук ит Бука
Карап турган кашымда
Кашың да курусун, ит Бука.
Күү менен сүйлөгөн
Сөзүң курусун, ит Бука.
Комуз чертип ырдаган,
Ырың курусун, ит Бука.

Кара жанды кашайткан,
Чырың курусун, Кет Бука.
Атайы келген алдыма
Ишиң курусун, Кет Бука.
Комуз чертип жоруган
Түшүң курусун, Кет Бука — деп ыйлап
отуруп калган экен.

Уходи прочь Кет Бука, дурную весть принесший Кет Бука, будь
прокляты твое лицо и песня, пусть никогда не будет успеха в
твоем деле...

Я привел эти данные, которые являются неопровержимыми
доказатеьствами того, что Кет Бука был кыргызским акыном,
играл на комузе, а не на казахской домбре. Казахи как народ в
то время еще не появились. Народ, именуемый в хрониках как
казак (качак,кайсак) сформировался в XVI веке. Эти сведения
вы можете найти в санжыра казахского этнографа Шаакарим
Кудайберди уулу[50], который по отцу является родственником
Абая. Вот как он пишет в своем труде:

"Хотя сегодня мы называем себя казахами, в действительности,
мы происходим от кара-кыргызов". Кстати, эти два великих
наших предка также являются представителями кыргызского
рода кытай (кидань).

Так называемые сарты (таджики, уйгуры, узбеки - в своей
основе те же кидани) появились от смещения киданей и других
кыргызских племен с потомками рабов, которых наши предки
переселили из Персии, Индии и арабских стран. Те, у которых

---

[50]   Шаакарим Кудайберди уулу "Түрүк,кыргыз-казак хем хандар
шежиреси" 215 стр.

на головы надеты тюбетейки в форме четырехгранника, это все - сарты.

Этимология слова сарт восходит к таким кыргызским словам как: жат, тат (другой народ, чужой), а также к слову сат[51] (продавать), поскольку они были весьма способны к купле и продаже, то за ними и закрепилось такое название - сарты. А четырехгранные тюбетейки на их головах это опять же родовые знаки кыргызского рода кидань и знак принадлежности к тенгрианской вере.

Рабам, слугам и их потомках не разрешали надевать кыргызские калпаки, потому что эта была, во-первых, привилегия кыргызской знати и господствующего положения, а во-вторых, калпак с высоким и острым верхом в качестве головного убора слуги и раба был очень неудобен (например, при исполнении обязанностей чайханщика, при сборе дров, работе в гончарной мастерской, выпечке хлеба, уходе за скотиной и прочее).

Вот что пишет Н.А.Аристов[52] о сартах в своей книге: "Лживость и обман составляют преобладающую черту их нравов и большая часть из них предается мошенничеству и плутовству. Вообще они отличаются крайней скаредностью. И отцы и дети мечтают только о наживе; тех, кто богат, больше уважают, но ничто не отличает богача от бедняка. Даже обладающие огромными богатствами носят старые платья и питаются грубой пищей. Половина населения обрабатывают поля, а другая занимается торговлей."

Говоря простыми словами, речь идет о скаредных и жадных людях, погрязших в мелочности и в погоне за наживой готовых на любое предательство и мошенничество. Что и говорить в

51   О.Айтымбетов "Кара кыргыз"Т-3,299,302 стр.
52   Н.А.Аристов "Усуны и кыргызы или кара-кыргызы"230-231- стр.

соседстве с арийскими народами такие люди контрастировали необыкновенно ярко.

Среди древних надписей и украшений на кумбезах Средней Азии[53], а также в предметах роскоши, золотых и серебрянных изделиях, доспехах воинов повсеместно встречаются арийские символы (свастика). Они были священными символами кыргызов, служили воину оберегом, а девушку охраняли от сглаза. Основание кыргызской юрты украшает все тот же знак.

Эта и мечеть в Самарканде и мунара Калян в Бухаре, ставка Кудаяр-хана в Коканде и мавзолей Биби-ханым в Самарканде, так и усыпальница Тамерлана покрыта все теми же знаками.

Вы и сами можете изучить эти надписи и знаки, если зайдете на сайт "Ведические символы Средней Азии и Казахстана".

Мечеть Биби-ханым, Самарканд.

Фрагмент мечети в Самарканде

---

[53] Снимки из сайта Д.Байда,У.Любимова "Ведические символы Средней Азии и Казахстана".

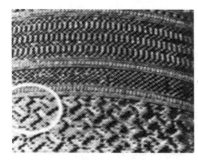

Фрагмент мечети в Бухаре

Ставка Кудаяр хана в Коканде

Знак арийской цивилизации Гитлер использовал в качестве государственного символа Германии, потому что он хотел тем самым еще раз подчеркнуть принадлежность немецкого народа к арийцам. Те, кто интересуются историей, могут прочитать в труде римского историка Корнелия Тацита о происхождении немцев, из которого явственно следует, что и кыргызы и немцы произошли от одного и того же народа. Сошлемся и на известное высказывание самого Гитлера:[54] "Один раз в год можно будет проводить по столице отряд киргизов, чтобы глядя на ее каменные памятники, они получили представление о мощи и величии Германии". Д.Мельников,Л.Черная. Преступник номер 1."Нацисткий режим и его фюрер," Москва, стр.353.

---

[54] Д.Мельников,Л.Черная.Преступник номер 1.Нацисткий режим и его фюрер.М.с.353.

Фрагмент боковой стены Кумьбеза Биби-
ханым в Самарканде

Эти строки свидетельствуют о том, что Гитлер знал,
кыргызский народ обладает великой историей и хотел превзойти
достижения кыргызов. Сошлемся еще на один исторический документ, датируемый
1810 годом. Немецкий ученый Йозеф Гёррес[55] в своем труде
"Мифологии азиатского мифа" пишет "Вся европейская
культура покоится на греческой, а греческая-на азиатско-
мифической," Кикишев Н.И., Метаистория.
Об этом свидетельствуют и другие источники и труды, как,
например, книга казахского историка А.К.Нарымбаева "Туран-
колыбель древних цивилизации".

Я недаром обращаю внимание читателей на эти знаки,
которые имеют отношение только к кыргызским родам. У
каждого рода был свой знак, тамга, и этими знаками помечали
уши овец, чтобы не спутать их с овцами, принадлежащими
другим родам. Задолго до того, как человек стал вести оседлый
образ жизни, научился земледелию, он был скотоводом. А еще
до этого древний человек занимался охотой на диких зверей и
сбором дикорастущих ягод и плодов.
Так вот знаки тамги появились именно с зарождением
скотоводства. Они использовались для того, чтобы метить
животных и в то же самое время были знаками принадлежности
к тому или иному роду и свидетельством, что его обладатель
был владельцем рабов и свободным человеком. У рабов не
было животных и никаких имущественных и родовых знаков.
Тамга представляла из себя простейший знак, геометрическую

---

55   Кикишев Н.И.Метаистория.3 стр.

фигуру. В последние годы некоторые представители кыргызских родов в самостоятельном порядке изобретают какие-то особые, сложные и вычурные родовые знаки и вышивают их на своих калпаках, объявляя их своими древними тамга. Однако это не соответствует ни беспристрастным историческим данным, ни просто логике. Сами подумайте, как можно выжечь сложный знак на ушах овцы?

Древние родовые знаки индейцев Америки, проживающих в штате Калифорния, нарисованные на полотенцах, простынях, платках, эстампах.

А это археологические артефакты, добытые в ходе раскопок древних поселений и могил индейцев, проживающих в шате Миссисипи, на берегу рек Миссисипи, Камберленд, островах Олдтаун, Нешвилл,Фэйнз, в штате Теннеси,.Вирджиния.

На снимке приведены изделия эпохи Хетского царства (4 тысячи лет назад), добытые в раскопках на берегу рек Дунай, Тиса, Опт. Этом народ также был арийским и близким родственником кыргызам. Обратите внимание на знаки и лицо древнего воина. Ниже мы даем этот снимок в увеличенном виде, чтобы вы могли убедиться, насколько этот ариец поход на типичного кыргыза.

Н.Кикишев: "Метаистория,откуда мы родом"66 стр..

Что касается тамга кыргызского рода кытай, то я опирался на исторические свидетельства и данные, о чем я много говорил в предыдущих своих трудах. Род кытай (кидани) состоит из 8 больших подродов, которые впоследствие превратились в самостоятельные большие рода, составляющие основу левого крыла кыргызского народа (кытай,саруу,кушчу,тєбєй,жетиген, чоў багыш,базыс,мундуз).

Знаки арийской цивилизации на предметах Оксывской культуры, слияние рек Одра и Висла.

Я уже писал в прошлых своих выступлениях о происхождении названия кытай(кутай). Хочу дополнительно остановиться на труде российского историка Н.Кикишева "Метаистория", где он пишет о шумерах следующее: "Название реки Колымы хранит для нас первоначальное название Шумера (Калама). Междуречье Индигирки и Колымы изобилует именами шумерских богов".

Шумерцы писали на пластинках из глины (кыт), которые после этого обжигали на огне, чтобы они долго хранились, по-кыргызски и по-шумерски этот процесс называется калама, каламалап. Людей, которые писали на этих пластинках, они были представителями арийцев, стали называть кыт, кыттар, кытай.

То, что кытай (кидани) объединили 8 родов и создали в свое время великие империи, говорится во многих хрониках.

Древнее хетское государство (слово хет также происходит от кыт-кытай, хыт-хытай), которое известно тем, что появилось 4 тысячи лет назад и этот народ первым на европейском континенте освоил производство железа.

Но на Востоке, в Центральной Азии, другая часть наших предков сделало это открытие намного раньше хетов, они знали технологию производства оружия из небесного металла (выплавляли железо из метеоритных останков), о чем пишет Ю.С.Худяков[56] в своем историческом труде: "Сабля Багыра. Вооружение и военное искусство средневековых кыргызов".

---

56 Ю.С.Худяков»Сабля Багыра.Вооружение и военное искусство средневековых кыргызов»15-107 стр.

Хеты были представителями арийской цивилизации, потому наши предки и передали им секреты и технологии древней металлургии.

Золотая пластинка с изображением древнего воина хета, который выглядит как типичный кыргыз и символы рода кытай на его груди. Хетская империя была ведущей мировой державой 3,5 тысячи лет назад и об этом свидетельствует большой арийский знак на груди воина. Кидани - покорители всего мира, так можно прочитать значение этих символов.

Тохарское государство процветало 3000-лет назад, Кушанская империя во 1-3 веках нашей эры. Эти. империи также были основаны представителями рода кытай, арийскими народами, исповедующими тенгрианское мировоззрение и пользовавшимися родовыми тамга. Империя хеттов, как известно, располагалась на территории современной Македонии и Сербии.

Современные македонцы написали много книг о том, что Александр Македонский (Искендер Зулкарнайын) является представителем рода кидань. А Тохарское государство располагалось в пределах современной Синьзянской автономной области КНР.

Во время археологических раскопок в пустыне "Такла Макан" в 1977 году были найдены множество хорошо сохранившихся мумий. Интересно, что мумии представителей мужского пола были необрезанными. Я думаю, здесь прослеживается очевидная связь с формой башен бурана, о чем я писал до этого и приводил снимки. Известно также, что рядом с мумией Сулуу "Лулан" был найден родовой знак арийцев или рода кытай.

На снимке приведены другие изделия Оксывской культуры, II век до нашей эоы.

Воинственный народ, который проживал на территории современной Польши, Белоруссии и северо=западной части России ученые считают предками германцев. Но вы без труда найдете в них древние кыргызско-арийские символы.

Портрет вандала—воина. Обратите внимание на знак – киданьский тамга на теле у коня.

А этот знак и символ означает "рука Бога".

Род кытай создал на протяжении двух последних тысяч лет следующие империи: Танскую VI-VII века нашей эры, Ляо (сталь),IX-XII-века, Западный Ляо, XII век, империи Чингизхана, Бабура, Темира и Кокандское ханство.

Я писал в своем предыдущем труде, основанном на изучении книг историков Н.Я. Бичурина и Л.Гумилева о том, какую выдающуюся роль сыграли кидани в эпоху кыргызского великодержавия в 840-960-годах.

Хочу здесь особо подчеркнуть, что кидани, разгромив уйгурское государство, помогли в создании кыргызского каганата. Основу кыргызской империи тогда составляли следующие народы: кара кыргызы (что значит крупные, стержневые, поставляющие царей), шор-кыргызы, хакас-кыргызы, тува-кыргызы и кыргыз-кайсаки. Основу же кара кыргызов - 8 кыргызских родов.

Второе название рода кытай – кутай – связывают со словом кут и звезда. И здесь также напрашивается очень простая аналогия, связанная с тем, что род кытай объединяет в себе восемь родов кыргызского народа, в свою очередь, восходя корнями к народу Кун (Гунны), о чем я подробно рассказал в своих предшествующих книгах, основанных на исторических данных.

Писатель О.Айтымбетов в своем известном историческом труде "Кара кыргыз"[57], пишет о том, что слово кытай, возможно, происходит от слова кыт (отлив), который вливают в сака. Здесь таится большой смысл. Дело в том, что наши предки относились с большим трепетом к астрогалам, с которыми связано множество традиций, обрядов и игр. Самый крупный астрогал, чïкє назывался сака или царский, кара-кыргызским, мелкие же чïкє ассоциировали с шорцами, тувинцами, хакасами, кыргыз-кайсаками. Я думаю, наши родственники правильно нас поймут, потому что слово кара в кыргызском языке означает крупный, а кытай, кидани составляют сплав, ядро кара-кыргызов. Об этом же свидетельствует и то, что кидань означает железо, а название Ляо переводится как сталь. Все это свидетельствует о том, что представители кыргызского рода кытай основали письменность, производство железа, стали. Я далек от того, чтобы приписывать все достижения и открытия человечества своему роду. Я здесь говорю только об истинных корнях кыргызского народа, что кыргызский народ произошел в эпоху матриархата[58] от 40 отважных девушек, представителей народа гунны, подробно об этом я изложил в санжыра рода кытай, доказав на исторических материалах и сведениях, почерпнутых из разных древних источников, что этот род является ядром, звездой, кытом, кутом кыргызского народа.

Этрусская ваза (Древний РИМ, 7 век до нашей эры). Арийский знак на боку сосуда. Слева – портрет девушки в национальном уборе.

---

[57]   О.Айтымбетов"Кара кыргыз"3-т.

[58]   Н.А.Аристов "Труды по истории и этническому составу тюркских племен"45 стр. А также цитата из интервью Ху Жен Хуана(Пекин) телевидению "ЭХО Манаса",СД диск.

Даже захоронения этрусских царей выглядят как типичные могилы кыргызских ханов и батыров.

А так выглядит этрусская бурана, которая в точности повторяет башню в Токмоке.

Символ солнца (слева) и главы рода (справа) у американских индейцев.

Внизу - знак вождя и повелителя

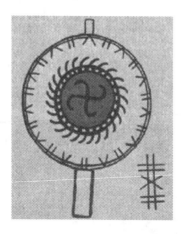

Недавно в газете "Алиби" была напечатана статья историка Нусупова, в которой этот человек пишет о том, что якобы кара кидани уничтожали кыргызов, при этом не приводя никаких исторических данных. Я бы хотел посоветовать этому историку обратиться к трудам Л.Гумилева[59], к выдающейся исторической книге "Кыргыз жана Кыргызстан тарыхы боюнча тандалма эмгектер" С.М.Абромзона,[60] и к трудам Н.Я.Бичурина, Шакарима [61]. Все эти источники свидетельствуют о том, что кидани были близкими родственниками кыргызов. В Средней Азии в 704-756 годах представители кыргызского рода кытай (подрод тєрдєш) вместе с другими кыргызскими родами создали государство "Тєрдєш". В состав этого большого государства входили области Шаша (Ташкент),Турфан, Бешбалык, Жети суу. Столицей был город Суяб (город Ак-Бешим неподалеку от Токмока). Привожу далее список тордошских ханов:

---

[59] Л.Гумилев «Конец и вновь начало»117 стр.
[60] С.М.Абрамзон"Кыргыз жана Кыргызстан тарыхы боюнча тандалма эмгектер"437,438б.б.
[61] Шаакарим Кудайберди уулу "Түрк кыргыз-казак хем хандар шежиреси"74-б.

Їчилик — первый тєрдєшский хан (699—706)[4];

Согэ — (706—711);

Чжен — (711—715);

Сїлїк (715—738);

Кутча (738—739);

Бага-тархан — (739—742);

Бильге — (742—753);

Теӱир-Ыльмыш — (753—756)

Эта государство, а фактически империя в то время соблюдала родственные отношения с Танской империей. Напомню еще раз, что танская империя также была основана кыргызским родом кытай, о чем я писал уже на основе данных и выводов из трудов Л.Гумилева С.М.Абрамзона.

В последние годы наши казахские родственники прилагают много усилий для того, чтобы доказать, что торгешское государство было казахским. Однако в исторических документах вы не найдете ни одного доказательства этому, к тому же в казахских санжыра нет такого рода как тєрдєш. Есть и такие историки, которые пытаются доказать, что государство Тєрдєш было основано семитами, что слово тїрк (тїрїк, означающее обнаженную крайнюю плоть) говорит о том государство возникло под влиянием арабских, персидских царей, принявших ислам.

Это гипотеза не соответствует действительности, потому что в то время кыргызские 8 родов не были еще мусульманами. Они исповедали тенгрианство. Как я уже говорил выше, государство, о котором мы ведем речь, было создано родом тєрдєш, принадлежащим к роду кытай.

Напомню также, что между кыргызами-теӱгрианцами и мусульманами-кыргызами, а также пришедшими к ним на помощь арабами в 751 году в Таласе произошло историческое сражение. Тогда на помощь мусульманам-кыргызам пришли тїрїк-карлуки, происходящие от уйгуров - и битва была остановлена. На помощь же к кыргызам-тенгрианцам пришли воины танской империи, которую возлавляли кидани, Л.Гумилев "Конец и вновь начало", стр. 98.

Когда империя Западный Ляо во главе с Елюй Даши, потерпела поражение от манжуров в 1125 году, она переехала в Среднюю Азию, где продолжила свое царство. Вот тогда некоторые кыргызские рода, ставшие близкими по духу и породнившиеся с арабами, персами, тажиками, уйгурами: каўды, кыпчаки, тейити, бостоны, дєєлєсы, принявшие ислам, в связи с тем, что их крайняя плоть была обрезанной, стали называться тїрїктєр, турки (Шаакарим Кудайберди уулу "Тїрк кыргыз-казак хем хандар шежиреси", 74 стр. Л.Гумилев "Поиски вымышленного царства", стр 6, С.М.Абрамзон "Кыргыз жана Кыргызстан тарыхы боюнча тандалма эмгектер", стр. 32-333.).

О том, что род дєєлєс (теленгуты) происходят от калмаков, свидельствуют многие источники. В истории они известны как сарт-калмаки. Основу калмаков составляли уйгуры (Шаакарим Кудайберди уулу, Кеўеш Жусупов "Кыргыздар", Абулгазы бахадур хан бин Араб Мухаммеддин, книга "Тїрк санжырасы", 28 стр.

Другое большое столкновение между кыргызами левого крыла, кыргызами-тенгрианцами и кыргызами-тїрїками и арабами произошло в 1141 году в Самарканде, на поле Катван. Туруки потерпели поражение. Тогда на помощь кыргызскому роду кидань пришли манжуры и кидани Цинской империи Китаяю[62].

---

[62]   "Материалы по истории киргизов и Киргизии" деген китептин 76 стр.

Ниже я перечисляю имена императоров Западный Ляо, правивших в долине рек Или и Сыр-Дарья:

Елюй Даши 1125/1128-1143

Табуян 1143-1151

Иле (Чже-лу-гу) 1151—1161/или 1155

Басаган (Бу-со-хуань) 1161/55-1169/или 1177

Жулку (Чжи-лу-гу) 1169/78-1213

Кучлïк 1211/1213-1218

Кучлук был представителем рода найман, этот род входит в состав рода кытай, об этом свидетельствует Л.Гумилев. Кучлук сбежав от Чингизхана, скрылся среди своих родных в Западном Ляо. После он, женившись путем обмана на дочери карахана (гурхана) Жулку, немного времени спустя убивает карахана и сам становится правителем. Поскольку Кучлук был сам из рода кытай и женат на киданьской принцессе, кидани подчинились ему. Но спустя немного времени в 1218 году Чингизхан со своими воинами объединился с Западным Ляо и Кучлук был умерщвлен.

Хочу также здесь напомнить читателям, что в кровопролитной войне между кыргызами и жунгарами (калмаками) в XVII веке Циньская империя Китая также пришла на помощь, оказав решающее содействие в разгроме жунгар, после чего удалилась обратно к себе. Подумайте сами над этим фактом? Циньские воины пришли на кыргызскую землю, разгромили и изгнали ойротов, после чего и сами ушли, предоставив кыргызам мир и покой. Они не должны были уходить, а остаться здесь, занять самые лучшие земли на правах победителей?

Но все объяснялось тем, что кытаи (кидани) Китая пришли на помощь родственникам, которые правили Кокандским ханством. Об этом можно прочитать в трудах М.Т.Айтбаева[63]. После того, как я приступил к публикации своих материалов, касающихся киданей, некоторые наши граждане стали выражать свое недовольство, считая, что я чрезмерно возвышаю роль и значение киданей. Однажды один мой товарищ и собрат из рода саяк, сказал, что я делаю неправильно, столь сильно копаясь в истории свое народа и рода. Я сказал ему, что было бы хорошо, если бы ты тоже занялся тем же самым. Мой род дал название стране и народу, в котором проживает 1 млрд. 300 миллионов л-юдей. Почему они не назвали себя саяками? И разве не стоит такой примечательный факт глубокого уважения! Он призадумался над этим и в конце концов был вынужден согласиться со мной.

С тех пор как русский народ проводил свою колониальную политику, безродные представители кыргызского народа, чувствуя поддержку старшего брата, сумели исказить многие страницы нашей древней истории, переписать и отредактировать санжыра по своему произволу. И даже сегодня безродные кыргызы активно заняты тем, что продолжают искажать историю, культуру, проводят всякие оппозиционные курултаи, вводят в заблуждение кыргызский народ, проводят и всячески поддерживают все ту же политику порабощения кыргызского народа.

Есть только один путь из этого тупика. Очищение кыргызского народа на основе построения родовой системы, традиций, теӱгрианского мировоззрения, очищение снизу вверх. Кыргызов сплотит и объединит возрождение кыргызского родового строя. Только так можно создать единое по духу и

---

[63]　[42] М.Т.Айтбаев "Кыргыз ССР АН,тарых институту, 1960г. "Некоторые вопросы происхождения отдельных Киргизских крупных родовых подразделений,проживающих на территории Джалал-Абадской области"

сильное государство, которое не допустит ни искажения правды истории, ни коррупцию и продажу наших земель, ресурсов и духовного наследия.

Например, деление на три крыла является неправильным. В своей книге я привел доказательства, что род сарыбагыш относится к найманам, а найманы входят в род киданей. Известно, что Адигине, Тагай и Муӱгуш (Миӱкуш) жили в XV веке. А что было до этого, от кого произошли в свою очередь основатели левого и правого крыла?

Ответ будет только один - все восходят к знаменитому роду киданей, о чем свидетельствуют С.М.Абрамзон и казахский историк Калибек Данияров[64] ("История отечество", 2000 год, Алмата, стр. 209). Ак уул это и есть динлины, они появились еще в эпоху матриархата (8000 лет до нашей эры), от них происходят кыргызский род саруу (угро-финские народы).

Приведем некоторые данные из генетики. В исследованиии академика НАН Кыргызской Республики А.А.Алдашева[65], проведенного вместе с центром генетики РАМН под названем "Генетическая история этногенеза кыргызов" приводятся данные о том, представители левого кыргызов являются близкими родственниками народов Восточной Азии и происходят от гуннов,сянби, что в свою очерѐь подтверждает, что и правое и левое крыло кыргызов входят в состав роа кытай(кидань). Генетический анализ крови кыргызов подтвердил, что на 90 процентов он состоит из $R1\alpha1\alpha$, C3c, N16, который является основным компонентом крови, проижвающих в Восточной Азии, Севреном Китая, Монголии (а это именно регион проживания киданей).

---

[64]   К.Данияров "История отечество" 2000-жылы Алматыда чыккан китебинин 209,210 б.б.

[65]   А.Алдашев «Генетическая история этногенеза кыргызов», Жусуп Баласагын атындагы Кыргыз улуттук университетинин «Жарчысы»аттуу журналынын №5,2011-ж.

Адигине,Тагай и Миӱ куш восходят к киданям, известным как народ Кїн(Гун).Этот народ и род породил Манаса,Адыла(Атиллу),Чингиз- хана. Что касается детей Тагай бия, то они тоже за вычетом саяков и асыков восходят к роду кытай. Род асык, согласно С.М.Абромзону "Кыргыз жана Кыргызстан тарыхы боюнча тандалма эмгектер", стр 30, восходит к роду кытай (тєрдєш),согласно другой версии - их корни идут к персам и аланам.

А что касается родов баргы, коӱурат, катаган, баарын, найман, кереит, меркит, кодогочу, жору, то все они происходят от киданей, также как и кара багыш, багыш, бугу,ары багыш, чоӱ багыш (К.Данияров"История отечество", стр. 210).

Представители калмаков входят во многие кыргызские рода. Особенно много их среди сарыбагышей, бугу, тынымсеитов, саяков, солто, кушчу, саруу, кытай, аваат и другие. Такие роды из левого крыла, как кытай (кидань), саруу, жетиген(маӱгыт), тєбєй относяься к древним племенам. Саруу восходят к динлинам, а кытай, жетиген, тєбєй к народу Кїн(Гун), о чем я рассказывал в своей труде, посвященном изучению санжыра рода кытай.

Нет такого крыла, как ичкилик[66]. Это крыло было создано искусственно, чтобы разделить и ослабить нацию, С.М.Абрамзон "Кыргыз жана Кыргызстан тарыхы боюнча тандалма эмгектер", стр.637 и Н.А.Аристов "Труды по истории и этническому составу тюркских племен", стр.49.

А что касается родов, входящих в ичкилик: нойгуты, найманы, кесеки, жоо кесеки, чапкылдыки (чапкынчы), то они входят в состав рода кидань левого крыла. Эти роды так же являются потомками Чингизхана, Л.Гумилев "Поиски вымышленного царства", стр.132-133,170-171.

---

[66]   Л.Гумилев.»Поиски вымышленного царства»132-133 стр. 170-171 стр.

В конце статьи хотел бы обратиться к читателям, чтобы они обращались ко мне, если у них возникнут вопросы или предложения, по электронному адресу: anar37@yandex.ru

Если бы будем все вместе трудиться, не покладая рук, над изучением нашей истории, санжыра, то, думаю, наше будущее не будет плохим.

Послесловие

Ну, вот мы и подошли к концу нашего повествования. Возможно, кого-то задели некоторые сравнения, которые были сделаны мной. Например, то, что знак арийской цивилизации Гитлер использовал в качестве государственного символа Германии, который известен как свастика. Однако я сделал этого только потому, что данный знак является исконным знаком кыргызского рода кытай.

Но еще задолго до Гитлера, этот знак брали на вооружение как принадлежность к арийской расе древние персы, египтяне. Почему же так привлекателен был этот знак? Потому что был знаком могущества древнего царского рода кытай, символизировал собой веру в единого бога Тенгира. Вот почему древние египетские фараоны обожали этот знак как символ господства в мире, он был нарисован на их головных уборах, стеллах, штандартах, гробницах, и, что самое главное, царский жезл в руке фараонов - символ и знак могущества - был также украшен все тем же тамга.

Во время археологических раскопок в пустыне "Такла Макан" в 1977 году были найдены множество хорошо сохранившихся мумий. Интересно, что мумии представителей мужского пола были необрезанными. Я думаю, здесь прослеживается очевидная связь с формой башен бурана, о чем я писал до этого и приводил снимки. Известно также, что рядом с мумией Сулуу "Лулан" был найден родовой знак арийцев или рода кытай.

А о том, как любили знак крест в Центральной Азии и Китае не стоит и говорить. Фотографии, которые приводятся здесь, красноречиво свидетельствуют об этом.

Все объясняется тем, что кыргызский род кытай создал на протяжении двух последних тысяч лет следующие империи: Танскую VI-VII века нашей эры, Ляо (сталь),IX-XII-века, Западный Ляо,XII век, империи Чингизхана, Бабура,Темира и Кокандское ханство.

Я писал в своем предыдущем труде, основанном на изучении книг историков Н.Я. Бичурина и Л.Гумилева о том, какую выдающуюся роль сыграли кидани в эпоху кыргызского великодержавия в 840-960-годах.

А теперь снова обратим внимание на Западную Европу.

Знаменитый российский историк и философ Мурат Аджи в своем монументальном исследовании и книге: "Тюрки и мир: сокровенная история", Москва, 2004 год пишет о том, что, по сути, вся европейская цивилизация, производство железа, вера в единого Бога и его символ крест были переняты предками европейцев от потомков Атиллы, которые считали себя ариями или арийцами, происходящего от слова арыг, аруу, то есть чистый.

Вот что пишется в этой книге:

О сохранившимся сведениям, кузнечным ремеслом в Римской империи владели барбарикарии, то есть какие-то племена варварского происхождения. Они производили оружие и доспехи. Из кузницы и мастерские находились где-то на Востоке, откуда и доставляли железо в Рим. В Римской империи не было месторождения железной руды, которые отвечали бы технологиям того времени. Существовавший тогда способ выжигания железа из руды предполагал наличие в ней не менее 80 процентов полезного компоненты, иначе технология была неэффективной.

Показательно, что даже в отборных римских войсках щиты оставались медными, поскольку сталь была слишком дорогим товаром.

Кавалерия в римской армии стала реальной силой только в 4 веке, когда в нее стали брать иноземцев, варваров, пришедших с Востока. Сами римляне были плохими всадниками, конь у них считался долгое время предметом несбыточной роскоши, о чем отмечает Э. Гиббон.

Восток же пришел в Европу верхом на коне.

Однако определяющим для того времени было все-таки не оружие, не конь, а дух, который отличал наших предков. На их знаменах сиял равносторонний крест – знак веры в Бога Небесного, европейцы же были язычниками. Они не знали ни лабарума, ни креста. Крест как животворящий символ веры они увидели лишь в 4 веке, опять же с приходом кочевников с Востока на их знаменах и щитах.

На Алтае знамена были издревле: каждый род там имел знамя – туг. (отсюда слово дух в русском языке).

Алтайские знамена достаточно известны в науке, чтобы судить о них. Одно из изображений- самое древнее в Европе – ученые встретили на стеле в Хорнхаузене (город Галле, земля Саксония) Изображению почти полтора тысячи лет. Стяг с крестом и тремя шлыками. Он-символ пришельцев-всадников. Точно такие же замена есть и на скалах Древнего Алтая, им посвящена обширная литература, выявлены рисунки, которым более двух тысячи лет, их изучал выдающихся археолог академик А. Окладников.

В этой связи я хотел бы немного подправить и дополнить выводы Хаджи Мурата.

В своей книге этот автор пытается присвоить все достижения древней кочевой цивилизации представителям одного народа - кипчакам, точно также, как до этого до него делал известный казахский поет и историк Олжас Сулейменов.

Если верить его выводам, получается, что и Китай, и Персию, и Индию, и Западную Европу покорили кипчаки, при этом кыргызский народ сознательно почти не упоминается в его монументальном труде. Он также ведет свое повествование от народа Алтая. Впрочем, Хаджи Мурат признает, что древние алтайцы и тюрки были весьма честолюбивыми и каждый род стремился к абсолютному господству.

Так вот хочу напомнить уважаемому историку и философу, что кипчаки являются кыргызским народом, как и народ Алтая, а что касается тамга кыргызского рода кытай, то он принадлежит роду кытай, здесь я опираюсь на труд Абрамзона, посвященный знакам кыргызских родов, а также самые древние артефакты (астрогалы) со знаками кыргызских родов, найденные в Афанасьевских курганах Южной Сибири, датируемые 5-6 тысячалетием до нашей эры.

Мильтон[67], великий английский поэт и историк, который жил и творил почти 400 лет назад в своем труде "История народов, проживающих по ту сторону Московии" упоминает о многих северных восточных народах и племенах, в основном кыргызского происхождения. Называет он и сам народ кыргызы, которые были приглашаемы как гости при коронации царя Бориса Годунова. Еще более ценно его замечание о том, что предки англичан - саксонские племена - пришли на британские острова с северной части азиатского материка, на боевых кораблях викингов.

Мильтон тем самым как бы подчеркивает, что предки, как англияан, так и германцев это, в сущности, одни и те же представители саксоноского племени, только на территорию Германии саксоны проникли несколько раньше, вместе с

---

[67] "A brief history of Moscovia and of other less-known countries lying eastward of Russia as far as Cathay", by John Milton.

ордами кочевых племен - до и во время завоевательных походов Атиллы.

Что касается Англии, то по свидетельству Мильтона, сюда саксоны проникли намного позже в эпоху нашествия викингов - на кораблях, морским путем.

Мильтон ссылается на сведения из старинных источников и документы и письма путешественников, его описания саксонских племен ценны тем, что как и Тацит, задолго до него, описывая древних германцев, он дает, в сущности, один и тот же портрет полуварварского народа, склонного к боевым развлечениям, плохо разбирающегося в земледелии, вспыльчивого, но быстро отходчивого, любящего мутный хмельной напиток, сваренный из зерен проса, что-то вроде подобия вина.

Мильтон точно указывает откуда пришли саксонские племена - северная часть Азии из того малоисследованного и обширного региона, который называется в его книге как область за Московией. При этом говорится о том, что предком саксонов был царь Сака.

У каждого кыргызского рода был свой знак, тамга, и этими знаками помечали уши овец, чтобы не спутать их с овцами, принадлежащими другим родам. Задолго до того, как человек стал вести оседлый образ жизни, научился земледелию, он был скотоводом. А еще до этого древний человек занимался охотой на диких зверей и сбором дикорастущих ягод и плодов.

Писатель О.Айтымбетов в своем известном историческом труде "Кара кыргыз", пишет о том, что слово кытай, возможно, происходит от слова кыт (отлив), который вливают в сака. Здесь таится большой смысл. Дело в том, что наши предки относились с большим трепетом к астрогалам, с которыми связано множество традиций, обрядов и игр. Самый крупный астрогал, чїкє назывался сака или царский.

Я далек от того, чтобы приписывать все достижения и открытия человечества своему роду. Я здесь говорю только об истинных корнях кыргызского народа, доказав на исторических материалах и сведениях, почерпнутых из разных древних источников, что этот род является ядром, звездой, кытом, кутом кыргызского народа.

Древнее хетское государство (слово хет также происходит от кыт-кытай,хыт-хытай), которое известно тем, что появилось 4 тысячи лет назад, этот народ первым на европейском континенте освоил производство железа.

Но на Востоке, в Центральной Азии, другая часть наших предков сделало это открытие намного раньше хетов, они знали технологию производства оружия из небесного металла (выплавляли железо из метеоритных останков), о чем пишет Ю.С.Худяков в своем историческом труде "Сабля Багыра. Вооружение и военное искусство средневековых кыргызов".

Хеты были представителями арийской цивилизации, потому наши предки и передали им секреты и технологии древней металлургии.

Таким образом род кытай дал название стране и народу, в котором проживает 1 млд. 300 миллионов людей, а также фактически подарил народам Западной Европы символ веры в единого Бога - Крест. Почему Китай не назван именем саяк или знаком христианской цивилизации не является саякский знак, а именно родовой знак кытаев. Хотя надо признать, что англичане и немцы называют своими предками предков саяков, как Кушанская империя была основана предками кыргызского рода кушчу.

Но Чингисхан и Атилла все-таки были кытаями.

ДАЖЕ ГЕНПЛАН
мавзолея комплекса Тадж-Махал в Дели выполнен в стиле знака
кыргызского рода Кытай.

Хансель и Гретель

(современная версия старой истории в изложении Замира Осорова)

Однажды давным-давно жила была одна фатально несчастливая семья. Отец был прилежен, трудолюбив и даже имел хорошее образование, но все равно неудачлив. Мать была милой, чудесной домохозяйкой, практичной и старательной и их дети Ханс и Гретель были очень послушные, исполнительные и смышлёные, тем не менее, дела их шли все хуже и хуже. Знающие люди пытались объяснить их неудачи двумя причинами:

1). Время, когда жила эта семья было тяжелым, а управление страной из рук вон плохим, государственные и общественные лидеры погрязли в коррупции и других напастях, из-за чего за все приходилось расплачиваться рядовым людям;

2).Все объяснялось сглазом и дурным влиянием нечистой силы. Семья жила в сельской местности, на краю густого и обширного леса, населенного ведьмами, лешими, которые могли навести порчу на семью, о которой мы ведем речь.

Как бы там ни было несмотря на трудолюбие, свет да любовь, семья все глубже погружалась в бедность и унижения и, в конце концов, жизнь стала почти непереносимой, в доме не осталось почти ничего съестного, кроме засохших корок черного хлеба и немного картофеля. А однажды и вовсе Ханс и Гретель отправились спать голодными.

И вот поздно вечером жена обратилась к мужу со следующими словами:

-Дорогой, пришло время принимать серьёзные решения. Завтра мы отправимся в лес и оставим там детей.

- Что?! Как ты посмела такое сказать? – возмутился супруг.

- Если мы будем вместе, мы все умрем с голоду, - сказала в ответ жена. - Ханс и Гретель - малые дети, если мы их оставим в лесу, то кто-то может их там найти и помочь им. На свете много разных организаций, как: «Помогите детям, потерявшимся в лесу», «Спасите сирот», есть даже благотворительная компания» «В гости к Бабе Яге», «Будь другом Лешему» и другие, которые оказывают помощь детям. Они не только спасут наших детей от голода, но и могут дать им хорошее образование.

Ханс и Гретель были так голодны, что не спали и все слышали, о чем говорили их родители.

На следующий день, когда родители повели детей в лес, Ханс стал незаметно ронять на дорогу блестящие плоские камушки, которую он собрал утром на берегу ручья. Когда они углубились в лес, мать сказала детям: «Оставайтесь здесь, а мы с папой пойдем и соберем дрова и придем за вами». И они ушли, оставив детей одних в лесу.

Дети ждали родителей, не двигаясь с места до позднего вечера, но папа и мама не появились. Затем взошла Луна над горизонтом, и ее лучи осветили блестящие камешки, разбросанные в траве – и дети смогли найти дорогу, ведущую назад.

Мать была очень раздосадована, что дети вернулись домой. Поэтому на следующий день она встала рано утром и отвела детей так далеко в лес, чтоб они уже не могли ни за что найти дорогу назад. На это раз у Ханса не было времени, чтобы собрать галечник на берегу ручья, и он стал бросать в траву кусочки от корки хлеба, но лесные птицы съели эти крохи - и дорога домой была потеряна навсегда.

В конце концов, как вы хорошо все знаете, Ханс и Гретель после долгих блужданий в лесу пришли к шоколадному домику в лесу, где их поджидала злая ведьма. Но, разумеется, все было совсем по-другому. В природе ведь не существует ни шоколадных домиков в лесу, ни злых ведьм. Но что же тогда произошло с Хансом и Гретель в дебрях темного леса? Они встретили в лесу неопознанный летающий объект или НЛО. Да, самую настоящую летающую тарелку, космический корабль инопланетян! Он приземлился посреди леса и пытался выглядеть как шоколадный домик, чтобы привлечь к себе невинных детишек, заблудившихся в лесу.

Капитан НЛО был весьма странным существом, выглядел с нашей точки зрения преотвратительно: он имел два лица и по три руки и ноги. Он был один на борту НЛО и чтобы обмануть детишек, обратился в старую и беспомощную старушку.

Конечно, инопланетянин хотел съесть Ханс и Гретель, жители нашей планеты для него были всего лишь пищей. У него на борту была специальный автоматический кухонный агрегат, который все делал сам - и раздевал, и потрошил и ошпаривал и запекал в электрической духовке детей.

Но инопланетянин решил сперва хорошенько откормить гостей, потому что и Ханс и Гретель были худыми, а он хотел, чтобы они были пухлые и упитанные.

Но как вы все хорошо знаете, Ханс и Гретель были очень смышлёными ребятишками, и они смогли вместе перехитрить коварного инопланетянина, прикинувшегося старушкой. А надо сказать, что последний чувствовал себя не очень удобно в теле старой и больной женщины, передвигался с трудом на ее больных ногах и однажды не без помощи Ханс и Гретель случайно нажал на кнопку кухонного агрегата и был сам подхвачен автоматической установкой, раздет, ошпарен и испечен в бортовой печи.

Вот так Ханс и Гретель остались одни на звездолете инопланетянина, где было много разных чудесных штучек и сокровищ, так как испеченный инопланетянин, хотя и был жесток и бессердечен по отношению к людям, в технологическом плане его цивилизация была весьма и весьма продвинутой. К тому же он много путешествовал по космосу, много повидал и много чего собрал у себя на борту.

Конечно, детишкам не терпелось вернуться домой как можно скорее, но они не знали, куда идти. Со всех сторон их окружал густой и мрачный лес, а в домике-звездолете инопланетянина было удобно и уютно и безопасно. Они решили остаться еще немного там и начали делать действительно полезные вещи, и, что очень важно, в правильном их порядке.

Во-первых, они научились управлять звездолетом и скоро научились включать режим автопилота. Это когда летающая тарелка летает над лесом сама по себе, оставаясь абсолютно невидимой для всех снаружи.

Во-вторых, им удалось проникнуть в компьютерную систему НЛО и получить доступ к обширной иноземной информации, технологическим достижениям и важнейшим секретам – одним словом, к базе данным, знаниям, которые были намного более важными и ценными, чем все что изучалось и преподавалось во всех земных университетах всех времен и народов.

Поэтому они быстро постигли такие секреты математики, физики, социальных и прочих наук, которые даже не снились нашим ученым. Они овладели компьютерными технологиями, искусством визуализации, умением притягивать нужные вещи, стали мастерами мозгового штурма, шторма и урагана. Научились, как правильно моргать, чихать, шевелить кончиками ушей, чтобы все это делало тебя умней и умней. Они развили и совершенствовали такие ценные вещи и навыки, как прилежание, трудолюбие, любознательность, терпение, настойчивость, коммуникабельность, умение держать себя в руках даже когда дела идут из рук вон плохо и находить пути выхода из любых, даже самых безнадежных ситуаций и стагнаций. Они обучились секретам совершенной памяти, совершенного здоровья, находчивости, порядочности, мудрости; развили у себя тонкое чутье удачи и умение сносить самые болезненные неудачи; научились всегда оставаться в форме – на пике творчества, креативности, мужества и проактивности; и они знали, как выуживать высшие тайны и секреты Вселенной из воронок

Черных Дыр: как избегать вымираний, насилий, ассимиляций, культурных и этнических чисток, геноцидов, жестокостей, цивилизованного каннибализма и мирного полного нигилизма, ведущего к аннигилизму и прочих мерзостей из тьмы.

Они постигли математику и компьютерные знания так хорошо, что без труда вычислили дорогу, ведущую домой посреди густого леса, научились сокращать огромные дистанции и легко достигать, куда им надо, они освоили социальные знания и практические уроки так хорошо, что могли спасти семью в любой даже самой кризисной ситуации, даже при самых худших экономических и политических условиях – внешних и внутренних, – когда в довершение ко всему страной правят исключительно некомпетентные правители и болваны. И что очень важно, Ханс и Гретель приобрели блестящие медицинские знания и могли работать с самыми передовыми технологиями и оборудованием, которое способно излечивать больных на расстоянии через GPS–cardio контроль, вычислять и перепрограммировать генетические коды пациентов, позволяя им не только избегать от смертельно опасных болезней, но и жить очень долго.

В конце концов, Ханс и Гретель вернулись домой и вся семья, объединившись вновь, жила долго и счастливо, наслаждаясь неземными комфортом и процветанием.

Мы предлагаем здесь кое-что из находок, которые Ханс и Гретель обнаружили на корабле инопланетянина и переадали людям для практического исполь зования и выгоды человечества.

1. Magna Carta. Эта блестящая идея впервые была освоена в Англии 800 лет назад, через два века после приключения Ханса и Гретель.

2. Танец суперструнных частиц мира и процветания. Освоен в XXI веке

3. Единая Теория поля и все ее приложения. Освоена в XXI веке.

4. Генетические секреты двойного и многократного продления жизни. Конец XXI века.

Из Тенгрианских молитв

(В изложении Замира Осорова)

К Эволюции

Во имя 150 миллиардов людей - в 20 раз больше ныне живущих 7 миллиардов, - которые когда-то жили, любили и радовались на этой Земле, а ныне забыты и мертвы, растворились в нашей плоти, памяти и генах

Вы не исчезли бесследно, никто не знает точно, что с вами со всеми произошло и куда вы ушли и когда вернетесь и возродитесь – и возродитесь ли? Но древняя Вселенная и квантовая физика с какой-то непостижимой целью хранит и кодирует ваши вибрации и память с точностью и основательностью непостижимой уму. Ты же во время утренней молитвы обратись ко всем, попроси помощи и совета у всех них, если ты упомянешь всех их и проявишь уважение к ним, твой намаз будет вознагражден бесконечное число раз и бесконечными путями и возможностями.

Только представь перед собой 150 миллиардов твоих предшественников с разных эпох, континентов, рас и культур - твоих реальных предков и доноров твоих генов… Если ты выкажешь искреннее почтение и любовь к такому огромному числу душ, ты будешь вознагражден безмерно и бесконечно, став неотъемлемой частью огромного океана сознания и подсознания нашего мира и человеческой цивилизации.

Подумай об этом!

Во имя всех существ - живых и живших когда-то на нашей планете - одомашненных и диких – травоядных, плотоядных зверей, птиц, рыб, рептилий, змей, насекомых, я отдаю себе отчет в том, что человек только одна единица среди миллиона других созданий и самая юная из всех, где даже примитивные одноклеточные существа обладают невероятно высоким информационным содержанием.

Во имя всех тех созданий, которые жили когда-то, начиная с первых дней эволюции, число которых многократно превышает все виды, живущие ныне. Души вымерших видом, жившие миллионы и 100 миллионов лет назад до появления человека - до появления млекопитающих - до появления птиц, рептилий, рыб – до Кембрийского взрыва и задолго до него. Молитесь и помяните всех, кто принадлежат к 95 процентам вымерших видов, но многие из которых процветали на Земле десятки и 100 миллионов лет, тогда как человек и история его развития не насчитывает и полмиллиона лет.

Мы не знаем ничего о будущем homo-sapiens и не можем судить, насколько будет успешным наше бытие по шкале выживания видов, в сравнении с другими животными и видами. Но есть уже очень много свидетельств и доводов в пользу того, что век процветания человеческого вида будет самым коротким среди других видов и форм жизни. Что жизнь нашего вида на Земле? Это едва ли полмиллиона лет? Тогда как кошки, волки, обезьяны в 10 раз старше нас. Крокодил появился и сохраняет свой облик и образ жизни уже 100 миллионов лет. Как и акулы, наши любимые стерляди и белуги. А такие существа с развитым интеллектом, как кальмары и осьминоги, уже обитают в наших морях и океанах 400 миллионов лет!

95 процентов всех видов животных, существовавших когда-то на Земле, вымерли и не существуют более. Но они

выживали и процветали гораздо дольше человека, судьба которого так быстро движется ныне к концу и вымиранию.

Молитесь за всех них, ищите помощи и поддержки у них, чтобы они научили вас выживанию и успеху, ведь их гены живут в наших генах. Эта жизнь кишит разными формами жизни. Просите энергию и помощь у нее, потому что все мы, живущие ныне или жившие когда-то в прошлом суть бессмертные существа.

Ни один вид и форма жизни не исчезли бесследно. Не только люди во всем их разнообразии, но и абсолютно все живые существа, начиная от наших любимых собачек, кошек, овечек и кончая рысями, орлами, соколами, от вымерших млекопитающих и птиц (из-за нашей деятельности и плохого управления) и кончая динозаврами, птерозаврами, вымершими по причине природных катастроф – все они продолжают свое бытие в измененной форме, и все они присутствуют в наших генах со всеми своими инстинктами, достижениями и стремлениями к выживанию и самореализации.

Во имя громадного множества нерожденных жизней и тенденций, которые не получили шанс для самореализации и подъема с изначального статуса. Ибо абсолютно каждый, кто родился на Земле, выиграл счастливый билет, на который претендовали больше братьев и сестер, чем песчинок в пустыне Сахара – 30 миллионов триллионов единиц. Умножьте это число на количество всех людей и живых существо, которые жили на нашей планете с начала времен, и вы можете оценить потенциал этой жизни и ее богатство, и грандиозное величие этого бытия.

Помолитесь за всех них – за близких и дальних родственников, за громадное большинство, которое не родилось, но которые существовало как тенденции, уникальные и неповторимые – попросите помощи у всех них и вы найдете ответ на все вопросы и выход из любой даже самой трудной ситуации.

Будьте счастливы и удачливы навсегда – возвысившиеся над громадным большинством, вдохновляющие и возрождающие большинство, вдохновленные и поддержанные громадным большинством.

Солнечный закат

Во имя всех живых существ
бродивших, летавших или ползавших на Земли
или плавающих в океанах, морях, озерах и реках,
ныне процветающих или близких к полному исчезновению,
во имя всех 95 процентов всех видов,
которые когда-то жили в прошлом,
но позже исчезли,
во имя душ миллиардов и миллиардов
наших разных предшественников
кто жили однажды или не жили вовсе,
 но число коих превосходит
любое наше достижение и успех,
кто никогда не был рожден
и не имел счастье, как те, кто жили или живут в данное время
и имеют возможность послать свои гены в будущее.
Я обращаюсь ко всем вам – рожденным и нерожденным -
вписанных или невписанных в линию жизни,
но чьи имена и уникальный код записанны навеки в Книге
Вечности.
Я молюсь за все вас
и прошу вашей помощи, советов и энергии,
потому что я искренне верю,
 что ваша жизнь, намерения и тенденции к реализации
не были бесцельными и напрасными
и что вы все будете вознаграждены в будущем,
 что мы все братья и сестры,
близкие родственники и племянники

на нашей старейшей планете
под этим великим Солнцем.

Потому что я искренне верю,
что все эти громадные массивыч страданий
неизбежно сменятся неизбывным счастьем и возрождением.
когда все существующие и существовавшие намерения и
тенденции жизни,
счастливые и реализовавшиеся или не совсем или разрушенные
безжалостно в самом начале
однажды обретут и никогда не потеряют уже путь
ведущий к самореализации и достижению самого полного
счастья и бытия.

Восход

Я обращаюсь к 80 миллионам кыргызам
которые когда-то жили на нашей Земли,
и к 5 миллионам, ныне живущим,
я обращаюсь к огромному количеству других наших
родственников,
которые продолжают жить в других народах,
дали начало многим великим народам и странам
в Азии, Европе, Америке и других континентах,
кто счастливо растворились в любви и дружбе в другой среде
или были жестоко и безжалостно ассимилированы другими
культурами и этносами,
в любом случае наши последыши и потомки широко
распространились и не исчезли бесследно:
все они несут в себе бессмертные гены Кыргыза, своих великих
предков,
которые в прошлых тысячелетиях правили большей частью
нашего мира
и были весьма успешными, процветающими, влиятельными и
изобретательными.

Я обращаюсь ко всем вам – живущим и жившим когда-то на нашей планете,
как к моим близким родным, отцам, предшественникам, что жили в почете, гордости и славе
и к тем, кто были не так счастливы, оказавшись в депрессивной фазе и стадии
в разных концах нашего земного шара.

Я обращаюсь ко всем вам,
восстаньте, воспряньте, активируйтесь
чтобы помочь нам,
как вашим отцам, несчастливым и позабытым,
что ныне выживают в бедности и унижениях
в крохотной части своих прежних громадных империй,
пожалуйста, придите и спасите Кыргызстан и его независимость.

Мы знаем, что большая часть этого мира
произошла от наших великих отцов,
в том числе и те, кто являются сегодня нашими врагами
и не признают нас.

Пожалуйста, раскройте им глаза,
пусть дух наших великих предков
проснется в их могущественных гимнах и традициях,
и они внезапно признают в нас своих близких
и придут со слезами на глазах к нам на помощь
вместо того чтобы вести секретную войну
против нашей идентичности и государства,
прекратят шантаж, подкуп и подрыв
нашей свободы и независимости,
уничтожение и искажение его языка, истории
вместо упорного и долговременного давления,
ведущего к геноциду и истреблению всего кыргызского,
запустят и будут поддерживать процессы возрождения и обновления

некогда великой нации и государства.

Пусть наши сыновья и внуки
среди лидеров Китая,
Израиля, Аравии,
России, Америки, Западной Европы,
Японии, Индии, Бразилии и Австралии
придут быстрее на помощь к нам,
спасут нашу свободу и независимость,
пусть наиболее успешные и богатые личности со всего мира
начнут инвестировать в нашу свободу, образование и
независимость,
а не вкладывать деньги
в наше рабство, поражение и унижения,
ведущее к новой колонизации
через массивные коррупцию, пропаганду и подкуп нашей
продажной элиты.

О великий Тенгир, сущий везде и всегда,
пробуди вечную силу и славу немеркнущую Тенгир-Тоо.

Printed in the United States
By Bookmasters